Apego seguro

Apego seguro

Cómo relacionarte con tu hijo a partir de los 2 años:
entiende su temperamento, establece límites
y ayúdale a gestionar sus emociones

Andrea Cardemil Ricke

Papel certificado por el Forest Stewardship Council®

MIXTO
Papel | Apoyando la
silvicultura responsable
FSC® C117695

Penguin
Random House
Grupo Editorial

Primera edición: abril de 2025

© 2017, Andrea Cardemil Ricke
© 2017, Ediciones B Chile S.A.
© 2019, Penguin Random House Grupo Editorial, S.A.,
Av. Andrés Bello 2299, of. 801, Providencia, Santiago de Chile
© 2025, Penguin Random House Grupo Editorial, S. A. U.,
Travessera de Gràcia, 47-49. 08021 Barcelona

Printed in Spain – Impreso en España

ISBN: 978-84-666-8163-6
Depósito legal: B-2.744-2025

Compuesto en Llibresimes, S. L.

Impreso en Liberdúplex
Sant Llorenç d´Hortons (Barcelona)

BS 8 1 6 3 6

Índice

Dedicado a mis padres y hermanos,
por su apoyo y amor incondicional.
A mis hijos, Camila, Javiera y José Pedro,
que son el motor de mi vida.
A mis amigas Valeria y Natalia.
Y a mi marido, Juan Pablo,
por acompañarme en cada uno de mis pasos.

Introducción

Criar no es fácil. Lo sé porque soy mamá de tres hijos: Camila, de 8 años, Javiera, de 6, y José Pedro, que acaba de nacer. Al igual que ustedes, quiero lo mejor para ellos.

Los estudios en crianza y buen trato plantean que el criterio más importante para determinar cuán adecuada es una práctica parental no es la efectividad, sino la promoción del desarrollo socioemocional sano. Con este cambio de perspectiva, el modelo autoritario perdió su trono. Muchas de sus prácticas se consideran inadecuadas, incluso dañinas.

El problema de la caída del modelo autoritario es que no existe otro modelo que lo reemplace y nos guíe como padres. Todo lo contrario. Cada día nos vemos más bombardeados de información, muchas veces incoherente y sin arraigo científico.

Sabemos algunas cosas, por ejemplo que los niños necesitan tener una relación de apego seguro con su cuidador, pero no necesariamente cómo lograrlo. Los libros que hablan de apego se han centrado mayoritariamente en el primer año de vida. Lo poco que sabemos, entonces, se reduce a la lactancia, a no dejar llorar al bebé, a tenerlo en brazos, etc. Pero ¿qué pasa después de los dos años? ¿Cómo se sigue promoviendo apego seguro en los años preescolares? ¿Qué se hace cuando un niño tiene una pataleta, cuando está asustado o cuando muerde?

Como psicóloga amante del apego, comencé a estudiar e investigar para responder estos interrogantes. Con el tiempo, me fui haciendo cada vez más experta en temáticas relacionadas con la crianza. Pero mi conocimiento y entrenamiento no terminó hasta que fui madre. Para mí la maternidad ha sido un verdadero doctorado en psicología infantil.

A través de este libro quiero compartir con ustedes mis conocimientos y experiencia como madre y psicóloga. Espero, así, contribuir a la crianza de sus hijos.

Siempre he creído que para que algo resulte bien, no solo hay que saber el paso a paso, sino también el sentido de lo que se está haciendo. Sobre todo cuando se trata de ayudar a nuestros hijos a regular sus emociones y conducta, porque a veces los resultados no se ven de inmediato. Y para no desmotivarnos en el camino y abandonar la causa, debemos tener claro cuál es nuestro norte y el camino a seguir. A esto se le suma que cada niño es un mundo distinto, y lo que resulta con uno, no necesariamente resulta con otro.

Por lo mismo, además de ofrecer herramientas y técnicas, el libro también brinda conocimientos importantes que fortalecen el manejo y la labor parental. Conocimientos que les permitirán actuar en función de la situación e hijo particular.

Han pasado diez años desde el lanzamiento de la primera edición de *Apego seguro*. Durante este tiempo, he recibido muchos mensajes de agradecimiento que me han llenado de felicidad y afirmado el propósito de mis libros: ser una ayuda efectiva y cercana en la crianza y promoción de desarrollo socioemocional.

La buena recepción que tuvo *Apego seguro* y la experiencia que he ganado en estos años, me motivó a mejorarlo. En esta nueva edición he mantenido la esencia de la primera, pero mejorando las temáticas tratadas (con más ejemplos, más consejos e información relevante) y agregando un capítulo nuevo que trata acerca de un problema tan común e importante como las pataletas y límites: «Morder y pegar».

Dividí la etapa preescolar en dos tramos: preescolares pequeños, que abarca de los dos a los cuatro años, y preescolares grandes, que abarca de los cuatro a los seis. Lo hice porque existen diferencias abismales entre un niño de dos y uno de seis, por lo que para entender mejor lo que les ocurre, lo que necesitan, qué esperar de ellos y cómo ayudarlos, era necesario diferenciarlos.

Una última idea antes de terminar estas palabras: para criar se necesita tiempo, paciencia y amor. Ninguna de estas técnicas va a servir o ser igual de efectivas si no se tienen estos ingredientes principales.

1

Apego, crianza y etapa preescolar

Este capítulo es clave para todo lo que viene después. Partiremos viendo qué ocurre en la etapa preescolar. Esto les va a permitir entender mejor a su hijo y saber cómo ayudarlo. Luego veremos qué es realmente el apego, por qué es tan importante y cómo se promueve en los años preescolares. Finalmente, veremos cuál es la relación entre apego, crianza y desarrollo socioemocional.

Bienvenidos al fascinante (pero intenso) mundo preescolar

Estoy escribiendo en un café. Al lado mío hay un papá con su hija. Debe tener tres años. A pesar de que en la mesa hay varias sillas disponibles, está sentada literalmente pegada a él. Cada cierto tiempo lo llena de besos. Una imagen completamente adorable. Pero en el momento en que el papá se niega a comprarle un segundo cruasán, la escena cambia drásticamente. La niña hace una pataleta. Cuando el papá trata de acercarse y explicarle que si se come otro no va a almorzar, ella le dice «sale» y lo aleja pegándole manotazos. Todo el mundo mira esta escena. Al parecer, el papá se siente observado y opta por comprarle otro cruasán para que se calme. La niña se limpia las lágrimas y vuelve a sentarse junto a él.

La etapa preescolar comienza alrededor de los dos años, tras la adquisición de la marcha y la consolidación de la capacidad para la representación simbólica. Se dice que termina entre los cinco y los seis años, cuando el niño entra a primero de primaria y da inicio a su etapa escolar. Se caracteriza por ser una etapa de importantes avances intelectuales y socio-afectivos que se manifiestan principalmente en el lenguaje, en la conducta y en la relación con otros. Basta con comparar un niño de dos años con un niño de seis. Las diferencias son abismales.

Por esta razón en los países anglosajones dividen este tramo etario en dos etapas distintas. Llaman *toddlers* a los niños de entre uno y tres años y *preschoolers* a los niños de entre tres y cinco. Por alguna razón, esto no se hace en los países hispanoamericanos. Existe el término preescolar, infancia temprana y primera infancia, pero todos estos conceptos aluden a niños de entre dos y seis años.

Para poder abordar bien lo que ocurre en estos años (y realmente ser una ayuda para ustedes) me voy a aventurar a hacer esta división. Llamaré al primer tramo «preescolares pequeños» y al segundo tramo «preescolares grandes».

Los preescolares pequeños y el inicio de los terribles dos

Consuelo me consulta porque quiere ayuda con su hijo Franco, de dos años y seis meses. Dice que es exquisito, pero que tiene una personalidad muy fuerte. Que desde que cumplió dos años los conflictos han ido en aumento y ya no sabe qué hacer. «Todo lo quiere hacer solo. Y si hago algo que él quería hacer lo deshace para hacerlo como él quería. Por ejemplo, si lo subo a la silla del coche se baja y se vuelve a subir. No me deja lavarle los dientes a pesar de que la dentista le dijo que yo se los tenía que lavar. Lo otro que ocurre es que quiere que yo lo atienda en todo. Solo yo le puedo llevar la leche o pasar el tete. Si otra persona lo hace, no lo recibe y se pone a llorar».

Al igual que Consuelo, muchas mamás me han dicho: «Todo iba bien hasta que cumplió los dos años. Ahora por cualquier cosa se enfada, no hay cómo hacer que obedezca, todo es un drama. La otra vez hasta me pegó porque apagué la tele». Si te sientes identificada puedes tranquilizarte. Todo esto es normal en esta etapa. Veamos por qué.

Tras la adquisición de la marcha, los niños sienten el mundo a sus pies. Ya no nos necesitan para desplazarse, por lo que piensan que pueden hacer todo y cuanto deseen. Poco a poco comienza a expresarse la rebeldía por no obedecer y la obstinación por hacer lo que ellos quieren.

Paralelamente a la adquisición de la marcha, el niño se da cuenta de que es un ser independiente de sus cuidadores. Descubre que tiene voluntad y deseos propios. Descubre que puede querer cosas distintas e incluso negarse a las peticiones de sus padres. Cual juguete nuevo, el niño necesita poner en práctica este descubrimiento y de esta forma conquistar poco a poco su autonomía e independencia. Por lo que cada vez que puede, dice «no» o «no quere». A veces, incluso, sin mucho sentido. De hecho, muchas veces se niegan a hacer algo, no porque realmente no lo quieran hacer, sino porque necesitan sentir que son distintos del padre o de la madre, que tienen voluntad y control de las cosas que hacen.

Esto también se traduce en que necesitan probarse a sí mismos y al mundo que son autónomos y capaces de desenvolverse. Seguro que les resulta conocida la frase «yo solito». Es digno de ver el placer y el goce en sus caritas cuando hacen cosas por sí mismos. Desde las muy sencillas, como peinarse o echarle queso rallado al plato de comida, a otras más complejas, como vestirse u ocupar el ordenador. Su necesidad de sentirse autónomos es tal que si hacemos cosas que ellos querían hacer por sí mismos (como apretar el botón del ascensor o abrirles el yogur) se apenan y frustran de tal modo que pueden llegar a hacer una pataleta.

El problema de estas cuotas de autonomía es que entran en conflicto con las importantes necesidades de dependencia que los preescolares pequeños aún tienen. Por una parte, quieren ser grandes y valerse por sí mismos, pero, por otra, perciben su vulnerabilidad y necesidad de cuidado y protección. Entonces no hay nada mejor que escaparse de uno en la plaza, pero con la seguridad de que los estamos mirando, ahí, para protegerlos. Esta contraposición de necesidades opuestas es confusa tanto para ellos como para nosotros. La verdad es que a veces simplemente no sabemos cómo tratarlos ni ellos lo que quieren.

El otro gran problema de estas necesidades de autonomía y oposición es que cualquier límite los llena de rabia y frustración. Debido a que **el sistema nervioso** en esta etapa aún está inmaduro, el malestar lo sienten de manera muy intensa, les cuesta controlarse y tranquilizarse. Esto explica la inestabilidad emocional (de la nada se ponen a llorar de manera desconsolada) y las famosas pataletas.

Quisiera aclarar que cuando digo «inmaduro», realmente me refiero a inmaduro. Las estructuras cerebrales encargadas de regular las emociones y las conductas de manera voluntaria comienzan a desarrollarse a los dos años y su funcionamiento comienza a mostrar los primeros avances cerca de los cuatro años. Esto quiere decir que antes de esa edad los niños no son capaces de gestionar sus emociones y controlar bien sus impulsos.

Por eso los anglosajones acuñaron el término *toddler* para hacer referencia a este tramo etario. *Toddler* viene del verbo *to toddle* que significa «tambalear, dar pasos pequeños e inestables». Que es justamente lo que ocurre a esta edad. Los niños comienzan a tener ciertas capacidades, pero aún son muy inestables para funcionar de manera autónoma, por lo que necesitan el soporte del ambiente para hacerse efectivas.

Hago esta aclaración porque uno de los principales errores que cometen los padres en esta etapa es creer que su hijo puede hacer más de lo que realmente puede. Esto no quiere decir que se le debe dejar hacer lo que quiera, sino que se deben tener expectativas realistas de lo que se le puede pedir y brindarle mucha regulación ambiental. Veremos cómo hacer esto en el tercer y cuarto capítulo.

Preescolares grandes (cuatro a seis años)

Al cumplir los cuatro años, los niños dan un estirón. Pierden la barriga que tanto los caracterizó en los años anteriores, su cuerpo comienza a ser más proporcional y ganan agilidad en los movimientos. La gente empieza a decir «se ve como un niño grande».

Pero no solo se ven más grandes, sino que comienzan a actuar como tales. El hemisferio izquierdo, que empezó a activarse de manera significativa a los dos años, ahora tiene la madurez para comenzar a funcionar de manera más efectiva. Los niños comienzan a ser capaces de razonar y entendernos mejor. Este despertar cognitivo también se ve reflejado en que empiezan a preguntar (y hasta filosofar) acerca de la vida. ¿Qué es la muerte? ¿De dónde vienen los bebés?

Las necesidades de autonomía y control bajan. Ya no necesitan separarse de sus padres (sentirse distintos) y probar que son grandes abriendo un yogur. Ahora tienen que serlo. Tienen que ser lo suficientemente grandes para ir al colegio. Lo suficientemente grandes para ir a la casa de un amigo.

Ya no se estresan tanto cuando alguien les dice que no. Por un lado porque han aprendido que no pueden hacer o tener todo lo que quieren, y por otro, porque tanto su cerebro como sus procesos regulatorios han ido madurando. Superando los cinco años los niños ya no deberían hacer pataletas. Se pueden enfadar. Nos pueden alegar. Incluso pegar un portazo. Pero no tirarse al suelo y patear lo que se les cruce.

El estrés se traslada al mundo social (específicamente a la relación con pares), a la adaptación a los nuevos escenarios (como el colegio) y al mundo de las cogniciones (especialmente en la medida en que llegan a los seis años).

Necesidades de autonomía, desarrollo evolutivo y crianza

Las necesidades de individualización e independencia tienen un sentido evolutivo. No se dan porque al niño de pronto se le ocurrió ser autónomo o desafiante. Tampoco porque estemos haciendo algo mal. El niño las necesita como un motor para seguir creciendo y desarrollándose.

En cada una de las etapas del desarrollo hay aprendizajes específicos que lograr. Estos, conocidos también como *tareas evolutivas*, además de permitirnos alcanzar un nivel más complejo de funcionamiento, nos preparan para los desafíos de la etapa que sigue. Por ejemplo, la consolidación de la identidad en la adolescencia nos prepara para tomar buenas decisiones en la adultez joven: ¿Dónde quiero trabajar? ¿Con quién me quiero casar? ¿Me quiero casar?

La mayoría de estos aprendizajes requiere de un conflicto o crisis para emerger. En la etapa preescolar es la siguiente: *quiero hacer y tener lo que quiero, pero mis papás no me dejan*. Y de esta disputa el aprendizaje deseado en la etapa preescolar es que los niños sean capaces de conquistar poco a poco su independencia, iniciativa y seguridad, sin que ello signifique consentirles todo o que siempre se haga lo que ellos quieren. Este aprendizaje de autonomía y respeto por las normas y otros, establece una base adecuada para la etapa escolar en la cual cambian drásticamente las características y exigencias del medio.

Este aprendizaje dependerá de cómo se gestiona la crisis. Como podrán imaginar, la adecuada gestión de esta depende principalmente de nosotros. Por ejemplo, si somos autoritarios y les exigimos desmedidamente, puede que desarrollen el respeto por las normas y por otros, pero en desmedro del desarrollo de seguridad, iniciativa y autonomía. En el caso contrario, si no les establecemos límite alguno, pueden desarrollar iniciativa, pero en desmedro del respeto por las normas y por otros.

En función de lo anterior, podemos ver que si queremos que nuestros hijos resuelvan de manera adecuada la crisis de la etapa preescolar, debemos ayudarlos a regular su conducta y emociones.

Cuando digo *ayudarlos a regular su conducta* me refiero a incentivarlos a aprender a cooperar, respetar normas, controlar sus impulsos y hacer aquellas cosas que deben hacer pero que no quieren hacer (como lavarse los dientes u ordenar la habitación). En cuanto a la *regulación de sus emociones*, me refiero a lograr que puedan identificar lo que sienten, expresarlo de manera adecuada y recuperar la calma. Por ahora, me interesa que se queden con estas definiciones. Luego habrá un capítulo dedicado a cada una de estas regulaciones que se abordan de manera más profunda y detallada.

Apego

La teoría del apego fue desarrollada por el psicólogo y psiquiatra inglés John Bowlby en 1958. A pesar de su data, se ha vuelto importante en las últimas décadas, ya que con los avances de las neurociencias se ha podido comprobar científicamente sus múltiples beneficios y el impacto que tiene en el desarrollo sano de la personalidad.

El apego se ha vuelto un concepto cada vez más importante, hasta el punto de que hoy ya no es usado exclusivamente por profesionales de la salud, sino por cualquier persona. A pesar de que esto es tremendamente positivo, el problema radica en que el concepto no siempre se usa bien. De hecho, hay quienes confunden el apego con el «apego a las cosas».

Esto se debe a que se ha hecho una muy mala difusión del concepto. En las redes sociales, por ejemplo, existen miles de artículos que no hacen referencia al tema de manera responsable y certera. Esto ha dado pie para que se generen muchos mitos y confusiones, como, por ejemplo, que para tener apego los niños deben estar todo el día en brazos, que llorar daña el cerebro, que si un niño no es amamantado no tiene apego, entre otros.

Esto resulta preocupante. En primer lugar, porque no se enseña lo que realmente se debería enseñar. Y en segundo, porque miles de mamás y papás sufren gratuita e injustamente por estos malentendidos. Es solo cuestión de pensar en cómo se siente una mamá que no pudo amamantar a su hijo o que no se lo pudieron poner en el pecho cuando nació.

Por esta razón, es preciso que nos detengamos y veamos qué significa realmente el famoso concepto de «apego».

Lo primero que debemos saber es que **el apego** es la necesidad innata[1] de buscar confort, consuelo o protección ante una situación de estrés. Por **situación de estrés** vamos a entender cualquier situación en la cual el niño se encuentre con alguna emoción o estado desagradable en curso (por ejemplo: hambre, frío, sueño, rabia, tristeza, miedo).

---

[1] Esto significa que el apego es algo con lo que se nace y no algo que se adquiere en el camino. Por esto, hablar de «crianza con apego» llega a ser incluso redundante, porque no se puede «criar sin apego».

Dado que los niños nacen sin saber regularse, cuando se encuentran estresados necesitan que su cuidador los regule, es decir, que los ayude a calmarse o a recuperar su equilibrio basal. Por esta razón, cuando están estresados expresan su malestar de manera que sus cuidadores sepan que algo les pasa y que necesitan de su asistencia para calmarse o resolver la situación que los acongoja. Veamos el siguiente ejemplo:

Estado de estrés
El bebé tiene hambre. Los niveles de cortisol aumentan, lo que genera el llanto.

Estado de calma
El bebé ya no tiene hambre. Los niveles de cortisol bajaron a nivel basal.

Regulación

La madre escucha el llanto. Se da cuenta de que su bebé tiene hambre. Lo toma en brazos y le da el pecho. Al acogerlo y saciar su hambre, el niño se calma.

Estas conductas de cuidado y regulación le permiten al niño con el tiempo «apegarse» a su cuidador, es decir, visualizarlo e internalizarlo como su sostén emocional necesario para sobrevivir, crecer y desarrollarse.

Se dice entonces que los niños establecen **relaciones de apego** con quienes tienden a cuidarlos con mayor frecuencia, especialmente con quienes los ayudan a regularse cuando están estresados. Esto incluye padres, madres adoptivas, abuelos, tíos, etc.

Durante el primer año la relación de apego se construye fundamentalmente a través de la regulación de estados fisiológicos (como el hambre, el sueño y la temperatura) y satisfacción de necesidades afectivas (como el contacto corporal, el contacto visual, la sonrisa). Posteriormente (a partir de los 6 meses), también a través de la regulación de las emociones.

Se dice que amamantar favorece el apego porque, además de calmar el hambre (regulación de estados fisiológicos), satisface necesidades afectivas (contacto corporal y visual). Pero esto también se puede hacer con un biberón. Lo que pasa es que la leche materna es más nutritiva que la artificial (entre otros beneficios), por lo que siempre se debe tener como primera opción (si se puede).

Personalmente, estoy a favor de la lactancia materna en todos los sentidos. De hecho, amamanté a mis dos hijas y espero poder hacerlo con el que viene en camino. Pero creo que una madre que calma el hambre de su hijo con un biberón y lo sostiene cerca de ella mientras se toma la leche, va a promover mucho mejor apego que una madre que lo amamanta en forma mecánica y/o lo deja llorando durante la noche para que se acostumbre a no pedir comida a esa hora.

Así las cosas, el apego no está en la calidad de la leche, sino en la calidad de la regulación de la situación de estrés.

En las clínicas muchas veces les dicen a las mamás que deben amamantar a sus hijos para que desarrollen apego, pero también dejarlos llorar para que desarrollen pulmones. Increíble pero cierto. Ahora que saben que el apego se construye en la regulación del estrés, pueden comprender que mensajes como estos son abismalmente contradictorios y errados. Sigamos derribando mitos.

Los niños establecen relaciones de apego con más de una persona

Es importante aclarar que si bien los niños forman relaciones de apego con más de una persona (por lo general, tres), por naturaleza necesitan ordenarlas jerárquicamente. Al cuidador que ocupa el primer lugar se le llama **figura de apego principal**.

La figura de apego principal (por razones biológicas, sociales y culturales) tiende a ser la mamá, seguida por el padre y un tercero. El orden va a depender de quién lo cuida más, especialmente de quién lo tiende a regular mayoritariamente ante situaciones de estrés. En algunos casos la figura de apego principal es el padre.

Esta jerarquía explica por qué los niños siempre quieren que la figura de apego principal les haga todo. Muchos padres creen que sus hijos no los quieren (o que no los quieren tanto), porque cuando está la mamá no los dejan hacer nada, ni siquiera echarle kétchup al plato de comida. Yo siempre les explico que esto no tiene que ver con cuánto los quieren, sino con la necesidad de respetar esta jerarquía. Si la figura de apego principal es la madre y está en casa, le van a pedir todo a ella. Pero si sale, acudirán al que ocupa el segundo lugar. Y así sucesivamente.

El apego es importante a lo largo de todo el ciclo vital

Otra confusión importante es que se piensa que el apego es solo importante durante los primeros dos años de vida. ¡Gran error! El apego es importante a lo largo de toda la crianza. Incluso en la adultez. Aunque no lo creas, nosotros también establecemos relaciones de apego con seres significativos como la pareja, mejores amigos, hermanos, incluso psicólogos, solo que de un modo distinto.

Los psicólogos tienden a ensalzar los primeros seis años de vida, porque además de establecer la base para los venideros, constituyen un periodo sensible para el desarrollo cerebral y socioemocional. Por esto es de extrema relevancia que los padres hagan bien las cosas durante estos años.

En la medida en que el niño va creciendo, las situaciones de estrés van cambiando, junto con la cantidad de regulación que requieren. Cuando son bebés necesitan que regulemos el hambre, la temperatura, los niveles de estimulación, el sueño, la ansiedad de separación o el miedo a los extraños. Pero cuando ya son más grandes, son otras las situaciones que los estresan. Por ejemplo, que no quieran jugar con él, que las cosas no le resulten, terminar una relación, etc.

Más allá de la lactancia: apego después de los dos años

En la etapa preescolar los niños evidentemente están más grandes y son más autónomos que al año. Su sistema nervioso está más maduro y cuentan con más capacidades que antes. Si necesitan algo, lo pueden pedir verbalmente. Ya no tienen que recurrir al llanto cuando tienen hambre. Incluso pueden ir solitos a la cocina y sacar algo para comer.

Dado que el niño preescolar está más desarrollado, el apego ya no se construye fundamentalmente a través de la regulación de los estados fisiológicos. Si queremos fomentar una relación de apego seguro con nuestro niño preescolar, no basta con que lo alimentemos o lo hagamos dormir: ahora son otras cosas las que lo estresan.

Un niño preescolar necesita que su cuidador lo ayude; por ejemplo, cuando tiene tristeza porque se le rompió un juguete, cuando está angustiado en su primer día de colegio, cuando está frustrado porque no puede armar un puzle, cuando no sabe cómo resolver un conflicto, cuando se siente culpable porque hizo algo malo, cuando no sabe cómo gestionar su timidez o cuando hace una pataleta. Entonces, de la misma forma que de pequeño lo ayudaron a calmarse cuando tenía hambre o sueño, ahora necesita que lo ayuden a regular sus emociones. Retomemos el gráfico anterior:

Estado de estrés
El niño siente culpa porque le dijo algo feo a su papá. Los niveles de cortisol aumentan. Se pone a llorar.

Estado de calma
El niño ya está tranquilo. Los niveles de cortiso bajaron a nivel basal.

Regulación

La madre le dice que es normal sentir culpa cuando uno hace algo malo. Lo abraza y lo ayuda a calmarse haciéndole caricias en la espalda. Una vez tranquilo, le dice que uno se siente mejor cuando pide perdón. Lo ayuda a hacer un dibujo para su papá.

Lo bonito de la regulación es que cada vez que ayudamos a nuestros hijos a calmarse, les enseñamos estrategias de regulación y estimulamos su desarrollo cerebral y socioemocional. En el ejemplo, el niño aprendió que es normal sentir culpa, que conversar con mamá y pedir perdón lo hace sentir bien (esto lo veremos con más detalle al final del capítulo).

Conexión y predicción

Los niños nacen con dos necesidades vitales: estar conectados a sus cuidadores y poder predecirlos. Los seres humanos somos animales sociales. No solo nos gusta relacionarnos con otros, sino que lo necesitamos para vivir, desarrollarnos y ser felices. Metafóricamente, podríamos decir que los niños necesitan estar conectados a sus papás, de la misma forma que necesitaron del cordón umbilical en el vientre. Pero mientras el cordón umbilical les proporcionaba los nutrientes necesarios para crecer, el cordón vincular les proporciona los nutrientes necesarios para su bienestar y adecuado desarrollo socioemocional.

Los niños necesitan sentirse conectados especialmente en situaciones de estrés. Necesitan que estemos disponibles para ellos y los ayudemos a recuperar la calma. Cuando no hacemos esto (los retamos, no les prestamos atención, hacemos como que no pasa nada) la conexión se pierde, lo que les genera mucha angustia. Y para recuperarla son capaces de hacer cualquier cosa. Desde aumentar la expresión de su malestar, a tragarse en dos segundos el mar de lágrimas que los atormenta. Con el tiempo, cuando estas experiencias de desconexión son reiterativas, se corre el riesgo de que estas respuestas (aumentar o bloquear la expresión) se vuelvan patrones fijos.

Los niños también necesitan predecir las acciones y reacciones de sus cuidadores. Por fines de supervivencia, vienen programados biológicamente para adaptarse al ambiente y para hacerse un mapa mental de cómo funciona, especialmente en situaciones de estrés.

Cuando las respuestas de los cuidadores no son predecibles (a veces regulan, a veces rechazan, a veces retan, etc.), los niños no logran desarrollar un mapa mental coherente ni tampoco la seguridad de que serán auxiliados cuando lo necesitan. Esto les genera mucha angustia e inseguridad.

Cuando un niño sabe que cuenta con su cuidador, por muy intenso que sea el malestar, cuenta con cierta tranquilidad. Es como saltar de un edificio en llamas, con la seguridad de que abajo te recibirán y no pasará nada. Si yo no tengo la certeza de que me van a recibir, no hay forma de que salte tranquilo.

La predictibilidad es tan importante que muchas veces los niños exageran la expresión de su estrés estratégicamente para que su cuidador reaccione siempre de la misma forma. Algo así como «mi mamá no siempre me presta atención, en verdad nunca sé cómo va a responder. Pero si exagero mi llanto quizá logre que siempre reaccione, aunque eso signifique que lo haga de mala manera».

Es importante aclarar que las personas no siempre podemos reaccionar de la misma forma. Somos seres humanos, no somos perfectos ni superhéroes. A veces estamos cansados, a veces no nos damos cuenta de que nos necesitan. Otras veces estamos ocupados. Lo importante es que la mayoría de las veces reaccionemos igual. Y que cuando no lo hagamos, reparemos (esto lo explico un poco más adelante).

Apego seguro e inseguro

Si bien todos los niños tienen apego, no todos establecen buenas relaciones de apego. De ahí entonces los términos apego seguro e inseguro. Dado que los lazos de apego se construyen en la regulación del estrés, la calidad de la relación depende principalmente de lo que hacemos o dejamos de hacer cuando nuestro pequeño nos necesita.

Si el cuidador asiste a su hijo y lo ayuda a calmarse cuando está estresado (conexión) la mayoría de las veces (predicción), lo más probable es que este desarrolle apego seguro.

La conexión y la predicción permiten que los niños desarrollen tres seguridades en el estrés: (1) la seguridad de que pueden expresar lo que les pasa, (2) la seguridad de que su cuidador los va a asistir y (3) la seguridad de que su cuidador los va a calmar (o al menos contener). **Por lo tanto, un niño con apego seguro cuando está estresado, expresa lo que le pasa, busca que su cuidador lo consuele y, por más intensa que sea su emoción, se siente tranquilo en sus brazos.**

Seguridades en el estrés

1. Seguridad de que puedo expresar lo que me pasa.

2. Seguridad de que me vas asistir.

3. Seguridad de que me vas a calmar.

Ahora, si un padre reiteradamente evita, reta o angustia a su hijo cuando está estresado (en vez de ayudarlo a calmarse), no se generan estas tres seguridades y por tanto se habla de que el apego es inseguro. Existen tres tipos: evitativo, ambivalente y desorganizado.

Quisiera aclarar que el apego inseguro no se considera una patología, sino un estilo vincular que determina principalmente cómo establecemos relaciones íntimas con otros y cómo gestionamos nuestras emociones. Investigaciones relevan que el 60 % de la población tiene apego seguro, el 15 % evitativo, el 15 % ambivalente y el 10 % desorganizado. De todos los apegos, el único que se considera como problema grave es el desorganizado.

Si bien la regulación del estrés es el principio más importante en la promoción de apego seguro, existen otros que también son importantes. Me gustaría que vean estos principios como **directrices de la conducta parental**. Conocerlos nos permite dilucidar cómo relacionarnos con nuestros niños, independientemente de la situación o la edad que tengan.

Regular situaciones de estrés: Regular el estrés significa ayudar a un niño que está estresado a recuperar su equilibrio basal, ya sea ayudándolo a calmar una emoción, resolver un problema o satisfacer una necesidad. Muchos padres creen que esto significa evitar que un niño se estrese. No es así. Ayudar a un niño que está llorando a calmarse, no es lo mismo que evitar que llore. En el capítulo 3 veremos en detalle cómo ayudar a un niño cuando está estresado.

Evitar estrés innecesario: Durante el día, los niños se enfrentan a un sinnúmero de estresores cotidianos: vestirse solos, ir al médico, caerse, pelear con los amigos, perder un juguete, compartir con los hermanos, despedirse de la mamá, que no los dejen hacer algo, etc. Si bien es cierto que hay muchos estresores que no se pueden evitar, hay muchos que sí. Veamos un ejemplo: Pedro tiene dos años y es su primer día de guardería. El niño obviamente se angustia y no quiere separarse de su mamá (estrés inevitable). La mamá sabía que sería difícil, así que se preocupó de que durmiera bien y de que conociera de antemano la guardería, porque sabe que tanto el sueño como lo novedoso lo estresan (evitar estrés innecesario).

Evitar el estrés innecesario permite que el niño concentre su energía y recursos para enfrentar y procesar el estrés propio del día a día. Esto es especialmente importante cuando se atraviesa por cambios o por una situación difícil.

Reparar momentos de desconexión: Acabamos de ver que los niños necesitan sentirse conectados a sus padres. Cuando les pasa algo y por alguna razón no los atendemos esta conexión se pierde. Cuando esto ocurre es importante reparar y volver a conectarnos. «Catita, no me di cuenta de que te pasaba algo», «Amor, no debería haberte hablado fuerte, disculpa», «Estaba ocupada, pero ahora te puedo escuchar».

A veces la conexión se *pierde* por culpa de los niños. Por ejemplo, cuando les decimos que no y se enfadan con nosotros. En situaciones como estas también es importante recuperar la conexión, aunque no hayamos sido nosotros los responsables.

Eviten despedirse sin haber reparado la conexión. Con esto me refiero que los niños no se vayan a dormir, a casa de alguien o al colegio sin haber re-conectado antes.

Conexión en todo momento: Si bien el momento más importante para conectarnos con nuestros niños es en el estrés, los niños también necesitan sentirse conectados a sus padres en momentos de calma y disfrute. La conexión en momentos de estrés da seguridad y tranquilidad, en momentos placenteros da alegría, amor y energía. Ambas conexiones fortalecen el vínculo de apego seguro.

La conexión tiene que ver con resonar con los estados mentales de nuestros niños. Con vibrar con ellos, estar atentos y dar respuesta a sus señales. Si nos cuentan algo, escucharlos con atención. Aprovechar los momentos de intimidad en que se abren y nos quieren contar sus cosas (por ejemplo: antes de dormirse). Jugar con ellos. Reír con ellos. Estar atentos a momentos placenteros espontáneos (por ejemplo: si vemos que están entretenidos pintando, decirles: «Veo cuánto te gusta pintar», «¡Qué bien lo estás pasando!»).

Sensibilidad a las señales del niño: Si no somos sensibles a las señales de nuestros niños, es difícil que nos demos cuenta de que les pasa algo o que nos necesitan. La mayoría de las veces los niños comunican lo que les pasa de manera no verbal, lo que complica aún más nuestra labor. El psicólogo chileno Felipe Lecannelier, en su libro *A.M.A.R.*,[2] sostiene que los padres que promueven apego seguro son buenos observadores, prestan atención a las reacciones de sus hijos (por ejemplo, se dan cuenta cuando su hijo hace algo o reacciona de manera distinta). Junto con esto, plantea que la observación debe ir acompañada por una actitud mentalizadora. Esto es, tratar de interpretar o descifrar el estado mental del niño. En otras palabras, por qué está haciendo lo que está haciendo. «¿Se está chupando el dedo porque está nervioso?», «Está inquieto, algo le debe pasar».

Para aumentar nuestra sensibilidad a las señales del niño, además de la observación y mentalización, recomiendo conocer la etapa del desarrollo del niño, sus características de personalidad y temperamento (que veremos en el segundo capítulo) y sus formas más habituales de expresar estrés (que veremos en el tercer capítulo).

Satisfacer las necesidades del niño: A lo largo del ciclo vital, los niños van presentando distintas necesidades. Algunas son constantes (como las afectivas), mientras que otras van variando en función de la etapa del desarrollo (por ejemplo, la necesidad de autonomía en la etapa preescolar y la de reconocimiento en la etapa escolar) o de la situación vital por la que atraviesan (por ejemplo, cuando los papás se separan necesitan entender lo que está pasando).

Al leer las necesidades de los niños y generar los espacios y las instancias necesarias para satisfacerlas, los niños se sienten visualizados y comprendidos. No tienen que batallar para

---

[2] F. Lecannelier, *A.M.A.R: Hacia un cuidado respetuoso del apego en la infancia*, Santiago, Ediciones B, 2016.

satisfacerlas como sea. Esto se ve clarísimo cuando un niño necesita aprender a caminar, no hay forma de tenerlo en brazos ni en el cochecito.

Comunicación contingente: La contingencia se refiere al grado en que las respuestas del cuidador son coherentes y oportunas a lo que le pasa al niño. Se le llama «comunicación contingente» porque el niño expresa una necesidad y el padre responde en función de esta.

Desarrollo cerebral y crianza

El desarrollo de las estructuras cerebrales que regulan las emociones y la conducta es *experiencia-dependiente*. Esto significa que su desarrollo no solo está condicionado por factores biológicos (como la genética y la nutrición), sino también por factores ambientales. De esto se desprenden dos ideas importantes: estas estructuras cerebrales necesitan de la estimulación del medio para desarrollarse y la calidad de su desarrollo dependerá de la calidad de esta estimulación.

Podríamos representar la acción de los genes y del medio de la siguiente manera: visualicemos los primeros como los planos de una casa y lo segundo como los materiales. El plano dice cómo, cuándo y dónde construir, mientras que los materiales van concretando y dándole forma a la casa. Si se usan materiales de mala calidad, por más bueno que sea el plano, la casa se derrumbará ante el menor estrés. Esto es exactamente lo que ocurre: los genes determinan en qué momento y en qué lugar una estructura cerebral debe comenzar a desarrollarse. La experiencia hace el resto en la medida en que las neuronas generan sinapsis y construyen de esta forma complejas redes de comunicación. Si la experiencia es adecuada, las estructuras cerebrales serán resistentes y facilitarán la regulación adaptativa, especialmente ante situaciones de estrés.

Se ha visto que la mejor estimulación que se le puede brindar a un niño para que estas estructuras se desarrollen bien es ayudarlos a regular sus emociones y conductas. Cada vez que lo hacemos activamos desde fuera senderos neuronales. Y cuando la experiencia de regulación es reiterativa y constante en el tiempo, estos senderos neuronales van formando complejas redes de comunicación, moldeando así las estructuras cerebrales.

En el ejemplo del niño que siente culpa tras decirle algo feo a su papá, la madre lo ayudó a calmarse haciéndole caricias y luego motivándolo a pedir perdón y reparar. Si pudiéramos ver qué pasó en su cerebro, veríamos que la madre desde fuera activó los siguientes senderos neuronales: *culpa-hablar con alguien-calma* y *culpa-reparar-calma*. Cuando este niño sea grande, serán estos senderos neuronales los que se activarán cuando se equivoque.

Estas estructuras cerebrales se desarrollan por excelencia durante los primeros seis años de vida. Después de esto, el aprendizaje continúa, pero será fuertemente determinado por lo que se haya aprendido en estos tiempos.

Esto convierte a los primeros seis años de vida en lo que se conoce como **periodo sensible** para el desarrollo de la regulación emocional y conductual. Esto significa que no hay otro momento en la vida en que el cerebro estará tan abierto a la acción formativa del medio ni en mejores condiciones para aprender a regular las emociones y la conducta.[3]

Nunca es tarde para comenzar. Ni para ti ni para tus hijos. Lo que sucede es que es más fácil establecer senderos neuronales cuando las estructuras se están formando que redirigirlos cuando ya están establecidos. Como dice Jack P. Shonkoff,

[3] A. Céspedes, *Cerebro, inteligencia y emoción*, Santiago, Fundación Mírame, 2007.

director del Centro del Desarrollo del Niño de la Universidad de Harvard, «cuando se trata de sistemas de circuitos del cerebro es mejor hacerlo bien la primera vez que tratar de arreglarlo después».[4]

Desarrollo cerebral, apego y crianza: El corazón de este libro

Sabemos ya que cada vez que ayudamos a nuestros niños a regular sus emociones y su conducta, indirectamente estamos estimulando el desarrollo de las estructuras cerebrales encargadas de dichos procesos. Dado que estas estructuras se desarrollan por excelencia en esta etapa, no solo es importante hacerlo, sino hacerlo bien.

Hoy el criterio más importante para determinar cuán adecuada es una pauta de crianza es la promoción de desarrollo socioemocional sano. A diferencia de generaciones pasadas, ya no se busca solo efectividad, sino también promoción de bienestar. Por lo que si queremos que nuestra ayuda sea adecuada, debe apuntar a que nuestros niños tengan el mejor desarrollo socioemocional.

Un sinnúmero de investigaciones demuestra que los niños que tienen apego seguro presentan un adecuado desarrollo socioemocional. Aquello se debe a que esta clase de apego genera el ambiente y la estimulación propicia que necesita un niño para desarrollarse bien, por lo que si queremos que nuestros hijos resuelvan de manera adecuada la crisis por la que atraviesan y su cerebro se desarrolle bien, debemos ayudarlos a regular su conducta y emociones bajo los principios de apego seguro. Este es el norte y el corazón de este libro.

---

[4] <http://developingchild.harvard.edu/resources/la-ciencia-del-desarrollo-infantil-temprano/>.

Resumen del capítulo 1

En la etapa preescolar (dos a seis años) ocurren avances significativos en el desarrollo de los niños. Por lo mismo, conviene dividirla en dos tramos: preescolares pequeños (dos a cuatro años) y preescolares grandes (cuatro a seis años).

La etapa preescolar constituye un periodo sensible para el desarrollo de la autonomía, regulación emocional y conductual. Por lo mismo, es importante que los padres durante estos años ejerzan prácticas parentales que promuevan el adecuado desarrollo de estas habilidades.

El apego seguro enmarca estas prácticas y establece las bases adecuadas y necesarias para el bienestar y desarrollo de habilidades en etapas posteriores.

El principio más importante en la promoción de apego seguro es la regulación del estrés.

2

Temperamento
Las características biológicas de la personalidad
que debemos conocer de nuestros hijos
y de nosotros mismos

Diego es un niño muy tranquilo, tímido y vergonzoso. Cuando va al cumpleaños de algún compañero, le cuesta entrar en confianza y soltarse. A pesar de que conoce a la mayoría de los invitados, tiende a esconderse detrás de la pierna de su mamá y a mirar de reojo durante un buen rato. Se va soltando poco a poco en la medida que se va sintiendo seguro, hasta que logra integrarse con sus amigos. Cuando los juegos se tornan violentos o bruscos, vuelve a su refugio. En general, prefiere los juegos más tranquilos y con poco movimiento. En las plazas es feliz jugando con cubos y arena.

Esteban es un niño que se caracteriza por ser enérgico y activo. Los padres dicen que aprendió primero a correr que a caminar. Cuando va a un cumpleaños, antes de que los padres puedan llegar y saludar, ya está colgado de un árbol. La madre sufre porque siempre está al filo de caerse o pegarse. Junto con esto, es muy intenso con sus emociones. Si está feliz, salta de alegría. Si está enfadado, hace pataletas.

Las diferencias entre Diego y Esteban se deben a lo que se conoce como temperamento. En palabras simples, el **temperamento** es un conjunto de características biológicas con las que nacemos, que determinan de manera significativa cómo experimentamos el mundo y, por lo tanto, cómo nos aproximamos a él. Por ejemplo, si mi sistema nervioso dispara una respuesta de ansiedad ante estresores pequeños, lo más probable es que mi aproximación sea más cautelosa que la de una persona con un sistema nervioso menos sensible. En el ejemplo anterior, Diego, a diferencia de Esteban, necesita tiempo para adaptarse e integrarse en lugares que no conoce.

Dentro de las características temperamentales más conocidas (y que más me gustan) están las definidas por los autores norteamericanos Stella Chess y Alexander Thomas.[5] Estas son: nivel de actividad, regularidad de los ritmos biológicos, tendencia a la aproximación o retiro ante situaciones novedosas, adaptabilidad al cambio, intensidad de la respuesta, sensibilidad a la estimulación, emocionalidad (positiva o seria/analítica), perceptibilidad y persistencia de la atención.

En cada una de estas categorías la persona puede puntuar alto, medio o bajo. Esto se va conjugando uno a uno y da origen a un perfil único de aproximación al mundo.

Que un niño puntúe consistentemente alto o bajo en cualquiera de estas categorías no quiere decir que siempre reaccione así, sino que tiene la tendencia a hacerlo con frecuencia. Tampoco significa que va a tener las mismas puntuaciones toda la vida. A veces estas cambian en la medida en que el niño crece, ya sea de manera positiva (por ejemplo, disminuye el nivel de actividad) o negativa (mayor intensidad en la respuesta de ansiedad). No obstante, las investigaciones tienden a apuntar que los rasgos temperamentales suelen ser bastante estables a lo largo de la vida.

Siguiendo con el ejemplo inicial, estos serían los perfiles de Diego y Esteban.

[5] S. Chess, y A. Thomas, *Temperament in Clinical Practice*, Nueva York, The Guilford Press, 1986.

DIEGO	Alto	Medio	Bajo
Nivel de actividad			x
Regularidad en los ritmos biológicos	x		
Aproximación o retiro ante situaciones nuevas			x
Adaptabilidad al cambio			x
Intensidad de la respuesta	x		
Sensibilidad a la estimulación	x		
Emocionalidad		x	
Perceptibilidad			x
Persistencia			x

ESTEBAN	Alto	Medio	Bajo
Nivel de actividad	x		
Regularidad en los ritmos biológicos			x
Aproximación o retiro ante situaciones nuevas	x		
Adaptabilidad al cambio	x		
Intensidad de la respuesta		x	
Sensibilidad a la estimulación			x
Emocionalidad		x	
Perceptibilidad	x		
Persistencia			x

Temperamento, regulación y crianza

El temperamento es uno de los factores biológicos más determinantes en la regulación de las emociones y de la conducta. Puede influir tanto de manera favorable como desfavorable en los procesos regulatorios. Por ejemplo, en el caso de las pataletas influye en la intensidad y la frecuencia de estas, como también en la facilidad para calmarse (en el caso del niño) y/o en la facilidad para gestionarlas (en el caso de los padres). Es probable que Diego haga menos pataletas que Esteban y que le cueste menos recuperar la calma, pero que a la vez sea más temeroso y le cueste más calmarse cuando está asustado.

El temperamento también afecta la regulación de la conducta. Cuando un niño es muy persistente y se le mete una idea en la cabeza, cuesta mucho que haga lo que le pedimos o cambiarle el foco de atención.

Conocer el temperamento de nuestros hijos nos permite entender mejor sus vivencias, tener expectativas realistas y saber cómo ayudarlos. Cuando los padres no conocen las características del temperamento de sus hijos, muchas veces se culpan por cosas que no deben o creen que su hijo hace lo que hace porque es irritable o porque quiere llamar la atención.

Antes de que veamos cada una de las categorías por separado, quisiera aclarar que el temperamento, al estar constituido por disposiciones biológicas, es innato. Esto quiere decir que no es responsabilidad ni elección del niño, tampoco de los padres. Se nace con el temperamento.

Ahora bien, esto no quiere decir que la crianza o las experiencias de vida no tengan ninguna incidencia en el temperamento. Todo lo contrario: pueden atenuar, fortalecer, canalizar y hasta modificar un rasgo temperamental. Lo que no pueden hacer, sin embargo, es crearlo o eliminarlo. Por ejemplo, si a un niño con alta intensidad emocional se le ayuda desde pequeño a regularse, la intensidad con la que siente sus emociones puede disminuir, pero no quedar 100 % baja. Mary Sheedy[6] sostiene que cuando el ambiente le brinda a un niño la ayuda que necesita para entender y aprender a gestionar sus disposiciones temperamentales, creamos nuevos caminos en el cerebro y, como resultado, nuevas formas de responder y funcionar. Por lo que si un niño tiene un rasgo temperamental que le dificulta u obstaculiza de alguna manera la regulación de sus emociones o conductas, es de suma importancia ayudarlo desde pequeño a gestionarlo de manera adaptativa. Por ejemplo, si tiene baja adaptabilidad al cambio, ayudarlo pronto a enfrentar situaciones novedosas. En caso contrario, si tiene rasgos que beneficien los procesos regulatorios, es necesario fortalecerlos y potenciarlos.

Categorías de temperamento

A continuación veremos cada una de las categorías por separado y cómo estas se relacionan con la regulación de las emociones y de la conducta. La idea es que al leerlas puedan ir identificando las características temperamentales de sus hijos. Para ello, en cada categoría aparece una tabla[7] de ayuda.

---

[6] M. Sheedy, *Raising your Spirited Child*, Nueva York, Morrow, 2006.
[7] Estas tablas son de la profesora norteamericana y educadora de padres Mary Sheedy. Aparecen en su libro *Raising your Spiritual Child*.

Nivel de actividad

Esta categoría da cuenta de la frecuencia e intensidad de la actividad motora. Si bien es cierto que los preescolares se caracterizan por ser inquietos, enérgicos y curiosos, hay niños que tienen un mayor nivel de actividad que el promedio, como también otros que tienen menos.

> Joaquín tiene tres años y medio. Sus padres lo llaman «Duracell» porque nunca se le acaban las pilas. «Siempre se está moviendo, no logra estar sentado mucho rato, ni siquiera para ver televisión. Donde vaya le gusta subirse a los muebles, escalar y saltar. Nada lo frena, ni siquiera pegarse». Joaquín desde niño fue inquieto. Siempre fue difícil cambiarlo o vestirlo pues no aguanta mucho rato estar acostado. A los nueve meses ya caminaba, al año escalaba y corría.

Como podrán imaginar, Joaquín tiene un nivel de actividad muy elevado. Necesita estar en movimiento, desarrollando y probando sus destrezas físicas en todo momento. Los niños que puntúan alto en esta categoría necesitan gastar su energía, por lo que si se mantienen mucho tiempo encerrados en casa u obligados a estar quietos (por ejemplo, en un restaurante) lo más probable es que se pongan irritables o hagan pataletas.

Es probable que al leer esta categoría les venga a la cabeza el Síndrome de Déficit Atencional (SDA). Aprovecho para aclararles que son cosas distintas, aunque no excluyentes (un niño podría tener ambas). A nivel conductual pueden verse similares e incluso confundirse, pero en términos de causa y origen son distintos. Un niño con alto nivel de actividad puede moverse en su asiento todo el rato mientras hace su tarea, pero logra hacerla y terminarla sin mayores dificultades. Un niño con SDA también se moverá mientras trabaja, pero a diferencia del niño con altos niveles de actividad, le costará hacer y terminar su tarea. Esta sutil pero importante diferencia se debe a que el niño con SDA, además de la inquietud motora, tiene dificultades en las funciones ejecutivas.

Es importante aclarar que los niños con altos niveles de actividad necesitan moverse. En clase o a la hora del almuerzo, cuando se balancean o paran constantemente, no es que quieran portarse mal o ser desafiantes, sino que simplemente necesitan hacerlo. Por lo que, más que retarlos, necesitan que los ayuden a canalizar su necesidad de movimiento de manera adaptativa.

Los niños que puntúan bajo en esta categoría tienen menos energía y necesidad de movimiento, por lo que pueden estar sentados o acostados bastante rato, les gusta explorar el mundo a través de actividades más tranquilas y sedentarias. Prefieren dibujar, leer, armar puzles y bloques a estar saltando, escalando o corriendo tras una pelota.

---

1. Niveles de actividad

¿Su niño siempre está en movimiento y ocupado o tranquilo y quieto? ¿Necesita correr, saltar y usar todo su cuerpo para sentirse bien?

1	2	3	4	5	6

Tranquilo
Duerme en un solo lugar.

Se sienta y juega durante largos periodos.

Muy activo
Cuando debe estar en un solo lugar se molesta.

Siempre se está moviendo, aunque esté sentado.

Regularidad de los ritmos biológicos

Esta categoría se refiere al grado de regularidad de ciertas funciones físicas, como la alimentación, ciclo sueño-vigilia y eliminación. La regularidad se observa principalmente en la predictibilidad de los horarios en que se dan las funciones (por ejemplo, «siempre duerme siesta a la misma hora») y en la facilidad con la que estas se llevan a cabo («cuesta un mundo que se duerma por las noches»).

> Matilde tiene cuatro años y medio y va al colegio. Sus padres nunca han logrado que se duerma a la misma hora. Hay días en que se duerme muy temprano. Otros, se desvela. Independientemente de la hora en que lo haga, tiende a despertarse varias veces por la noche. Para los padres es agotador, porque nunca saben cuándo le va a dar sueño. Tampoco saben qué hacer para que duerma una noche seguida. Lo que funciona un día, al día siguiente no.

En los niños que tienen ritmos biológicos irregulares, sus estados de ánimo tienden a depender mucho de sus estados fisiológicos. Por lo que cuando tienen sueño o hambre, su estado anímico y sus niveles de tolerancia pueden cambiar significativamente, lo que los predispone a hacer pataletas, a estar más irritables o más sensibles.

Por lo que si queremos ayudar a un hijo con ritmos biológicos irregulares a regular sus emociones y conducta (especialmente si es preescolar pequeño o hace muchas pataletas), es imprescindible preocuparnos de que tenga sus necesidades fisiológicas lo más satisfechas posibles. Esto no es nada fácil, porque como les da sueño y/o hambre a distintas horas, no se puede llevar una rutina con horarios estables.

Los niños de ritmos biológicos regulares se adaptan y siguen fácilmente las rutinas. Son como relojitos: siempre se duermen y comen a la misma hora. A veces, literalmente, ¡a la misma hora!

Me ha tocado ver que padres con hijos de ritmos biológicos irregulares (y que desconocen esta categoría) tienden a sentirse frustrados y/o incompetentes. Se comparan con sus amigos, cuyos hijos se acuestan y comen siempre a la misma hora, y no entienden por qué no son capaces de lograr lo mismo con los suyos. Cuando les explico la razón, comienzan a sentirse aliviados.

Es importante conocer esta característica. A veces los padres creen que sus hijos no quieren dormirse o comer a la hora establecida simplemente por rebeldía. Pero cuando entienden que el motivo de la irregularidad es biológico, su actitud y visión cambia por completo. Lo que se entendía como conducta desafiante, ahora es una característica por regular. Esto les permite gestionar mejor las situaciones conflictivas llegando, por ejemplo, a acuerdos plausibles: «Sé que no tienes sueño, pero es tarde. Puedes quedarte un ratito más despierto, pero haciendo algo tranquilo. A esta hora la luz está bajita y solo hacemos cosas tranquilas como leer o dibujar».

---

2. Regularidad

¿Cuán regular es su hijo en los horarios para dormir, en los horarios para comer, en la cantidad de horas de sueño que necesita y en otras funciones del cuerpo?

1	2	3	4	5	6

Regular	Irregular
Se duerme a la misma hora todos los días.	Nunca se duerme a la misma hora.
Le da hambre a intervalos regulares.	Le da hambre a diferentes horas del día o se «olvida» de comer.
Va al baño en un horario regular.	Va al baño en horarios irregulares.

Intensidad de la respuesta o reactividad emocional

Tal como señala su nombre, esta categoría tiene que ver con el grado de intensidad con que una persona siente sus emociones. Cuánta estimulación necesito para que se me genere una respuesta emocional (por ejemplo, me enfado con cualquier cosa o solo por cosas grandes), cuán intensa es la emoción y cuánto tiempo tardo en calmarla.

Javiera tiene dos años y medio. En general es una niña tranquila, que no se molesta ni se irrita con cualquier cosa. Pero cuando lo hace, se enfada mucho. Su madre dice que es tal la intensidad de sus emociones que le cuesta mucho calmarla. «Cuando tiene rabia, aprieta sus manitas y tirita. No quiere que nadie la toque. Llora mucho y tardo alrededor de 45 minutos en calmarla».

Hay niños que sienten de manera intensa todas las emociones, mientras que otros solo algunas. Javiera, por ejemplo, siente la rabia con mucha intensidad. Hay niños a los que les sucede con la tristeza, a otros con la angustia, a otros con la alegría, a otros con la culpa.

Camila tiene seis años y siente con mucha intensidad. Cuando ve una película triste se pone a llorar y le da tanta tristeza que se niega a volver a verla. Cuando supo que existían perros abandonados se puso a llorar. Pero a pesar de que se emociona rápidamente y su malestar es intenso, es fácil calmarla. Con un beso, un abrazo fuerte y una respiración profunda se le pasa.

Los niños que puntúan bajo en esta categoría son muy tranquilos y expresan de manera muy tenue lo que sienten (poca expresión facial y postural), a diferencia de los niños que puntúan alto en esta categoría, que tienden a expresar de manera intensa y activa lo que les pasa (si están enfadados gritan, tiran y/o muerden; y si están felices saltan, corren, gritan y/o abrazan).

Como se aprecia en los ejemplos, la intensidad de una emoción determina la facilidad o dificultad para calmarse. Cuanto más intensa es una emoción, más difícil es recuperar el equilibrio basal, por lo que si un niño siente de manera muy intensa la frustración, lo más probable es que cuando haga una pataleta le cueste más calmarse (y a los padres calmarlo), que un niño que la siente en nivel medio o bajo. Como también lo más probable es que durante la pataleta tienda a desbordarse y a incurrir en conductas agresivas como tirar las cosas, golpear a otros o a sí mismo.

Si sabemos que nuestro hijo es intenso, debemos esperar reacciones emocionales intensas y estar preparados emocional y mentalmente para ayudarlo a regularse. Con estos niños es sumamente importante el uso del diagrama de regulación emocional que veremos en el próximo capítulo.

Recomiendo también preocuparse de que sus necesidades fisiológicas (sueño, hambre, descanso) estén bien satisfechas. Un niño intenso con sueño puede ser un volcán en permanente explosión. La mejor forma de tener las necesidades fisiológicas satisfechas es a través de hábitos y rutinas. Esto se trata en detalle en el capítulo de regulación conductual.

También es de gran utilidad estar atento a pequeñas señales de estrés. Es mucho más fácil ayudar a un niño intenso a regular sus emociones cuando estas comienzan a surgir que cuando están en pleno curso. Sin embargo, las señales no son iguales para todos los niños. Dentro de las más comunes está subir el tono de voz, tensión muscular, respiración agitada, movimientos repetitivos e inquietud motora.

Si miramos el lado positivo de la intensidad, los niños con esta característica también sienten de manera más plena las emociones agradables como la alegría, el amor, la sorpresa o la ternura. Lo importante es ayudarlos desde pequeños a regularse.

---

3. Intensidad de la respuesta

¿Cuán intensas son las reacciones de su hijo? ¿Su llanto y risa es fuerte y enérgico o es suave y moderado?

| 1 | 2 | 3 | 4 | 5 | 6 |

Reacciones moderadas
Murmura cuando llora.

Es casi una sorpresa cuando se pone triste.

Las reacciones son suaves, moderadas.

Sonríe cuando está feliz.

Usualmente resuelve un problema sin frustrarse.

Reacciones intensas
Cuando llora explota.

Una verdadera escalera emocional. Arriba un minuto, abajo en el otro.

Todas las reacciones son profundas y fuertes.

Grita con entusiasmo.

Se frustra fácilmente.

Sensibilidad a la estimulación

Se refiere a cuánta estimulación sensorial necesita mi cuerpo para evocar una respuesta. Es decir, cuán fuerte debe ser un sonido para escucharlo, un olor para sentirlo, una caricia para notarla. Todos tenemos un umbral de estimulación que marca lo mínimo necesario para sentir algo y lo máximo que toleramos para que aquello resulte agradable a nuestro sistema nervioso. Se dice que una persona es **hipersensible** cuando necesita de muy poca estimulación y tiende a tolerar menos que el resto, e **hiposensible** cuando necesita más estimulación que el promedio para alcanzar un equilibrio.

Por ejemplo, si un niño es muy sensible a los ruidos, escuchará y estará atento a sonidos que nadie nota (como el de un reloj o los tacones de la vecina del departamento de arriba) y se estresará con ruidos que la mayoría tiende a tolerar (como el de una sala de clases).

> Daniel tiene casi cuatro años. Sus padres lo describen como un niño tranquilo y silencioso. Consultan porque el fin de semana casi siempre hace pataletas en la noche y temen que sea culpa suya o que la canguro lo esté malcriando. Para su sorpresa, la respuesta estaba en el temperamento. Daniel era muy sensible a la estimulación ambiental, especialmente a la acústica y visual. Por lo que los fines de semana, después de pasar la tarde en un centro comercial, en un cumpleaños o en un restaurante, llegaba a casa sobreestimulado. Esto lo estresaba y predisponía a hacer pataletas. Durante la semana esto no ocurría, ya que después del colegio, se quedaba tranquilo en casa y no estaba expuesto a exceso de ruidos.

Como se ve, la hipersensibilidad puede influir de manera significativa en los procesos de regulación. Los niños sensibles se sobreestimulan fácilmente. Y cuando esto ocurre sus niveles de tolerancia y umbrales de estrés disminuyen, haciéndolos irritables, pataleteros y/o extremadamente emocionales. Es importante saber esto para entender mejor a los niños y poder ayudarlos. Recuerdo el siguiente caso:

Martín es un preescolar de casi cinco años, extremadamente sensible a la estimulación del medio. En lugares donde hay mucha gente, ruidos y/o movimientos, se sobreestimula fácilmente, lo que lo vuelve irritable y agresivo. Sus padres, en conocimiento de esta característica, cuando van a cumpleaños o actividades similares, siempre están muy atentos a Martín para alejarlo de la estimulación cuando esta lo empieza a estresar. Se acercan a él y lo llevan un ratito a un lugar silencioso o con menos gente. Al hacer esto, Martín se tranquiliza y se reincorpora a las actividades sin pelear y sin pataletas.

Es importante mencionar que la sensibilidad no solo se expresa en lugares de mucha estimulación (como centros comerciales, restaurantes o cumpleaños), también en pequeños detalles cotidianos como la ropa, las comidas, los juegos de las plazas, el movimiento del coche, los olores, etc. A los niños que son sensibles les pueden molestar, por ejemplo, las etiquetas de la ropa, las costuras en el calcetín o los alimentos con ciertas texturas.

Mary Sheedy plantea que los niños sensibles también lo son a los niveles de estrés de sus cuidadores. Entonces si uno está estresado y tiene un hijo sensible, la primera persona en notarlo va a ser él, a veces incluso antes que nosotros mismos. Cuando esto ocurre, nos pueden preguntar: «¿Mamá, estás enfadada?» o simplemente estresarse con nosotros (ponerse inquietos, irritables).

Para los niños que puntúan promedio en esta categoría, la estimulación ambiental la mayoría de las veces les resulta indiferente. Entonces pueden dormir en cualquier parte, sin importar si hay o no ruido. No se molestan por los olores, las texturas o los sabores, por lo que no son muy selectivos ni complicados con la comida. Tampoco con la ropa.

Cuando los niños puntúan muy bajo en esta categoría se dice que son hiposensibles. A diferencia de los niños que son hipersensibles, necesitan y buscan más estimulación sensorial que el resto.

Gaspar tiene cuatro años y medio y va al colegio. La profesora dice que no logra estar tranquilo. Que si no está arrastrando la silla por toda la sala, se para a decirle algo, a sacarle punta al lápiz o a ver a sus compañeros. En una ocasión se colgó de un mueble. Todo se lo lleva a la boca. Su suéter tiene agujeros en las mangas y todos sus lápices están mordidos.

Si bien todos tenemos un perfil sensorial, cuando los niños son muy híper o muy hiposensibles en uno o más de sus sentidos y eso les genera alguna dificultad social, regulatoria, de aprendizaje o alimentaria, conviene consultar a un terapeuta ocupacional especialista en integración sensorial que lo evalúe y guie en cómo ayudarlo.

4. Sensibilidad a la estimulación

¿Cuán consciente es su hijo de los ruidos ligeros, emociones y diferencias de temperatura, gusto y textura? ¿Tiende a reaccionar con facilidad frente a ciertas comidas, etiquetas, ruidos molestos o a tu nivel de estrés?

1	2	3	4	5	6

Usualmente no sensible
Duerme en ambientes ruidosos.

Muy sensible
Para dormir necesita que haya silencio.

No se ve afectado por texturas irritantes.

Necesita que los calcetines estén alineados.

No se molesta por olores extraños.

Se queja por luces, ruidos y olores, especialmente en multitudes.

Come cualquier cosa.

Come de manera selectiva.

No se da cuenta de tu estrés.

Reacciona frente a tu estrés.

No se inquieta mucho por cómo las cosas se sienten.

Reacciones intensas en relación a cómo las cosas se sienten, ya sea por agradable o desagradable.

Estado de ánimo predominante

Esta categoría describe la vivencia emocional más frecuente en un niño, que se puede ver en la cantidad de conductas alegres, placenteras y amistosas versus la cantidad de conductas displacenteras, llantos y conductas poco amistosas.

Se dice que es *positivo* cuando expresa alegría y su comportamiento es amistoso y agradable. Cuando el niño tiende a ver el lado positivo de las cosas y disfrutar con facilidad lo que hace o se le presenta durante el día.

Fernanda es la típica niña que describen como «de buen carácter». Es alegre, espontánea y disfruta con facilidad cualquier actividad que se le proponga. Sus padres dicen que todas las mañanas se levanta con buen ánimo, no da mayores problemas para vestirse o ir al colegio. Cuando su madre la pasa a buscar, siempre sale contenta y le cuenta lo bien que se lo ha pasado.

En el otro extremo, se describe como *serio* y *analítico* al niño que tiende a prestar más atención a los aspectos negativos de sus experiencias (fallas, defectos), a experimentar y expresar con frecuencia malestar (llanto, miedo, ira) y su comportamiento es poco amistoso o poco placentero. Quiero aclarar, sin embargo, que los niños que son más serios no es que quieran ser pesados o negativos, sino que ven el mundo desde una perspectiva más analítica. Son sensibles a lo que falló, a lo que faltó, a lo que podría ser mejor. Entonces si uno les compra su yogur favorito en vez de simplemente disfrutarlo y dar las gracias podrían decir: «Mamá, podrías haber dejado el yogur fuera para que no estuviese tan helado».

Vicente tiene cuatro años y va al colegio. A su mamá le cuesta mucho levantarlo por las mañanas, y cuenta que la mayoría de las veces lo hace enfadado y pregunta por qué hay que despertarse de noche para ir al colegio. Una vez despierto, se le pasa. Cuando su madre lo recoge en el colegio y le pregunta cómo se lo pasó, Vicente tiende a suspirar y a decir «como siempre mamá, nunca pasa nada interesante». En el coche, camino a casa, con frecuencia le comenta lo mal que se portan sus compañeros. Nunca le cuenta que jugó con plastilina, que le gustó la comida o que se lo pasó bien en el recreo.

Ayudar a un niño con temperamento más analítico a regular sus emociones puede ser un gran desafío. Especialmente si los padres también lo son (porque hay más que regular, corren el riesgo de empatizar con el niño y compartir su visión de las cosas en vez de mostrarle otra forma de verlas). Además de la regulación emocional es importante enseñarles a ser más amistosos con sus comentarios, a disfrutar más y ver el lado positivo de las cosas.

Los niños que tienen emocionalidad positiva son menos propensos a hacer pataletas que los niños con emocionalidad más seria y analítica. Cuando un niño tiene una disposición biológica para sentir fácilmente malestar, las posibilidades de frustrarse aumentan, lo que obviamente incrementa la posibilidad de pataletas.

---

5. Estado de ánimo predominante

¿Cuánto tiempo su hijo se siente feliz y contento, versus serio o analítico?

1	2	3	4	5	6

Usualmente positivo
Casi siempre está de buen humor.

Positivo.

Más serio y analítico
Casi siempre está serio.

Ve el fallo, lo que puede mejorar.

Tendencia a la aproximación o retiro de situaciones novedosas

Esta categoría expone la reacción inicial que tiene un niño ante lo novedoso o poco familiar, sea una persona, situación o cosa. ¿Siente miedo y se retrae? ¿Rechaza todo lo que no conoce? ¿Le resulta atractivo? ¿Busca lo novedoso?

Esto se vincula a la reacción inicial, por lo que puede ser que al observar y familiarizarse con la persona o situación novedosa, su actitud cambie. Esto se explica porque hay niños que necesitan observar, conocer o ganar confianza antes de acercarse a lo novedoso. Esto se da en cosas muy simples y cotidianas (como un par de zapatos nuevos) y en otras más complejas y extraordinarias (como una nueva niñera).

> Lucas tiene cuatro años. Sus padres lo describen como un niño muy tranquilo, temeroso y tímido. Cuando uno le muestra un juguete que no conoce, antes de tocarlo o aproximarse, lo mira con seriedad y detenimiento. Sus padres dicen que en casa es muy «parlanchín», pero basta que llegue una visita para que los ratones le coman la lengua. El fin de semana sus padres, de sorpresa, le compraron una cama nueva (con forma de coche) y él comenzó a llorar.

Como se aprecia, Lucas se angustia ante situaciones y objetos novedosos, por lo que tiende, como primera reacción, a inhibirse y/o a retraerse. Los niños como él, antes de aproximarse a algo, necesitan saber de qué se trata y que es seguro. Esto lo averiguan observándolo a distancia, idealmente desde algo que les dé seguridad (por ejemplo, de la mano de algún familiar).

Por el contrario, a los niños que puntúan bajo en esta categoría les resulta tan atractivo y motivante lo nuevo, que se aproximan sin pensarlo. Con frecuencia los padres de estos niños dicen que casi antes de llegar a un cumpleaños ellos ya están jugando, o que casi antes de enseñarle un juguete ellos ya lo tienen en sus manos.

Es importante conocer esta categoría: permite predecir las respuestas de los niños y ayudarlos, por tanto, a regularse. Aquellos que necesitan observar antes de acercarse a lo novedoso requieren que sus cuidadores los comprendan y ayuden a entender y gestionar lo que les pasa. Si un padre presiona a un niño a afrontar algo que no quiere, lo más probable es que se desborde emocionalmente.

---

6. Tendencia a la aproximación o al retiro de situaciones novedosas

¿Cuál es la primera reacción de su hijo cuando se le pide que conozca a una persona, que pruebe una nueva actividad, o que vaya a algún lugar que no conoce?

1	2	3	4	5	6

Salta a la situación	**Rechaza al principio**
No duda ante situaciones novedosas.	Se echa para atrás antes de participar.
Aprende haciendo, probando.	Aprende observando.
Abierto a nuevas actividades.	Se estresa con actividades o situaciones novedosas.

A los niños que se les dificultan los cambios, les puede costar pasar de una actividad a otra. Por ejemplo, dejar de jugar para ir a bañarse. Cuando este es el caso, funciona mucho, además de tener una buena rutina (como veremos en el cuarto capítulo), estar constantemente anticipándoles lo que va a ocurrir. Por ejemplo, «Quedan 10 minutos para que nos vayamos a casa», «Quedan 5 minutos, tienes tiempo de ir a un juego más. ¿A cuál vas a ir?».

Adaptabilidad al cambio

Esta categoría indica cuán estresante puede resultar para un niño un cambio o una transición. Desde una modificación en la rutina (por ejemplo, almorzar más tarde) a un cambio de casa.

Esta dificultad se determina en función del tiempo que tarda el niño en adaptarse y cómo tiende a reaccionar emocionalmente ante un cambio (de manera displacentera/placentera). Esta categoría es similar a la anterior (aproximación o retiro de lo novedoso) en tanto el proceso de adaptación implica una situación nueva, pero a diferencia de esta, no se limita a la reacción inicial, sino al proceso posterior.

Retomando el caso de Lucas, si solo tiende a rechazar lo novedoso, lo más probable es que al poco rato le hubiese gustado su cama nueva, pero si además le cuesta adaptarse a los cambios, lo más probable es que tarde días en aceptarla y poder dormir tranquilo en ella.

Benjamín tiene cinco años. Siempre le han costado los cambios, por muy pequeños que sean (pasar de la cuna a la cama, cambiar el biberón por una taza, dejar los pañales). Comenzó a ir a la guardería a los dos años. La madre cuenta que fue un proceso largo y tormentoso: no quería ir y a diario hacía una pataleta. Con el paso del tiempo se acostumbró y él mismo pedía por las mañanas que lo llevaran. Con este antecedente la madre sabía que el cambio al colegio sería difícil, de modo que lo preparó con tiempo y habló con las educadoras nuevas para que lo entendieran, tuvieran paciencia con él y le ayudaran a adaptarse.

Cualquier cambio, por pequeño que sea, implica un proceso de adaptación (sin importar si es positivo o negativo), pero a las personas que puntúan alto en esta categoría les cuesta adaptarse mucho más que al promedio. Se estresan mucho más con lo que no conocen y necesitan más tiempo para asimilar lo nuevo y dejar atrás lo viejo.

Es importante conocer esta categoría, porque si sabemos que se va a producir un cambio, sea este grande (cambio de colegio) o pequeño (cambio de planes), se le debe ayudar a afrontar la situación.

7. Adaptabilidad al cambio

¿Cómo de rápido se adapta a los cambios?

1	2	3	4	5	6

Adaptación rápida
Fácilmente deja de hacer algo para empezar otra cosa.

Es flexible con los cambios en la rutina.

No se pone triste con las sorpresas.

Adaptación lenta
Llora o se queja cuando una actividad termina y comienza otra.

Se ve afectado por cambios en la rutina.

Pueden afectarle mucho las sorpresas.

También es importante tener presente que los niños con adaptabilidad lenta, en periodos de cambio, se vuelven más sensibles de lo normal. Esto puede implicar que estén más irritables, ansiosos, agresivos, llorones y/o que hagan más pataletas (especialmente si tienen alta intensidad emocional).

Persistencia

Hay niños que fácilmente dejan de hacer lo que están haciendo cuando se les pide o cuando se enfrentan a un obstáculo, mientras que otros insisten, discuten y pelean por seguir haciendo lo que están haciendo.

Los niños persistentes, cuando quieren algo, se encierran en eso y no se dan fácilmente por vencidos. Entonces, si quieren ir a la plaza, no descansan hasta lograr su objetivo. No importa si está lloviendo o están resfriados: quieren ir a la plaza. De bebés, nunca sirvió esconderles las cosas para que no se las metieran a la boca. Las buscaban o lloraban hasta encontrarlas, a diferencia de otros que a los pocos minutos ya se les había olvidado.

Fernando tiene casi seis años y va a preescolar. En el colegio ha presentado algunos problemas de conducta, porque casi nunca le hace caso a la profesora. Por ejemplo, le piden que guarde los lápices a la hora de la comida, pero no obedece porque se propuso terminar su dibujo para regalárselo a su mamá. En casa también muestra conductas similares. Los padres me cuentan que cuando pide algo y se le niega, puede estar una tarde completa (y hasta más de un día) preguntando por qué no.

Como se aprecia en el ejemplo, se ha visto que niveles altos de persistencia pueden dificultar la puesta de límites, especialmente si además su estado de ánimo es más bien serio y analítico, porque si encuentran que el límite es injusto o no tiene sentido, menos lo respetan.

La persistencia también puede dificultar la regulación de las emociones, especialmente aquellas que se generan cuando sus deseos o expectativas se ven frustradas. Por ejemplo, si un niño persistente quería ir a la plaza y finalmente no va porque se pone a llover, lo más probable es que se frustre mucho y sea difícil ayudarlo a calmarse.

---

8. Persistencia

Si su hijo está haciendo una actividad y le dice que pare, ¿lo hace fácilmente o pelea para continuar con lo que está haciendo?

1	2	3	4	5	6

Para fácilmente
Es relativamente fácil redirigirlo a otra actividad.

Se queda absorto, se encierra en sus ideas
No deja fácilmente una idea o una actividad.

Puede llorar durante unos minutos y después para.

Se queda absorto, puede llorar durante horas.

Acepta un no como respuesta.

Nunca acepta un no como respuesta.

Perceptibilidad

La cantidad de atención que le prestamos a nuestro entorno varía de persona a persona. Existen quienes perciben hasta el más mínimo detalle (cómo la mariquita camina por el césped o cómo las luces que se reflejan en la pared forman figuras), como también hay personas que no se ven muy afectadas o atraídas por los detalles de su entorno.

Se dice que las personas perceptivas son distraídas, pues fácilmente dejan de concentrarse en lo que están haciendo a causa de algún detalle del entorno que les haya llamado la atención. Entonces si mandamos a un hijo perceptivo a recoger el par de zapatos que dejó en el comedor, lo más probable es que a la media hora los zapatos sigan ahí, y no porque no quiera obedecernos, sino porque de camino al comedor se encontró con algo que le robó la atención.

Fabián tiene cuatro años recién cumplidos y sus padres comentan que desde muy pequeño notaron que era muy perceptivo. Su madre indica que para darle pecho tenía que encerrarse en una habitación sin ninguna distracción, porque si había algo que le llamara la atención dejaba de mamar. Lo mismo para dormir. Incluso hoy su habitación debe estar en completo silencio y oscuridad para que duerma. Basta que escuche los pasos de alguien caminando en la calle para activarse y no poder dormir. Por lo mismo, sus padres lo cambiaron a una habitación que no da a la calle y le pusieron cortinas opacas. Si le piden que haga algo deben supervisarlo, porque si no regresa a los 5 minutos, significa que algo lo distrajo y olvidó lo que debía hacer. Los padres se dieron cuenta de esta característica porque el padre es igual. Entonces desde que nació lo entienden y han tratado de llevar de la mejor manera posible sus niveles de perceptibilidad.

Lo bueno de los niños perceptivos es que es muy fácil cambiarles el foco de atención cuando están estresados. Basta con mencionarles o mostrarles algo interesante, y dejan de pensar en aquello que los tiene afligidos. Distintos autores mencionan también que son tremendamente creativos, pues se dan cuenta de cosas que otros no ven.

---

9. Perceptibilidad

¿Su hijo nota gente, colores, olores, ruidos y objetos a su alrededor? ¿Se olvida frecuentemente de hacer algo que se le pide porque otra cosa captó su atención?

1	2	3	4	5	6

Casi nunca nota su alrededor
Se mantiene en su objetivo, no mira pájaros por la ventana.

No pone mucha atención a las nubes cuando mira por la ventana.

Puede fácilmente recordar y hacer múltiples indicaciones.

Muy perceptivo
Se da cuenta de cosas que pocos ven.

Puede estar cinco minutos mirando por la ventana las figuras.

Se olvida cuando se le dan muchas indicaciones.

Consideraciones finales

No existe el temperamento perfecto: Si bien es cierto que hay rasgos temperamentales que dificultan ciertos aspectos de la crianza, no significa que haya unos mejores que otros. Cada una de las categorías tiene aspectos positivos y negativos. Lo importante, como padres, es potenciar los aspectos positivos y ayudar a nuestros hijos a gestionar los aspectos más negativos. Por ejemplo, puede ser que cueste más regular la conducta de un niño persistente, pero tendremos un hijo que con toda seguridad en la vida alcanzará lo que se proponga.

A veces los rasgos temperamentales se vuelven más difíciles de gestionar cuando se combinan con otros y debemos estar atentos. Por ejemplo, un niño con adaptabilidad baja y con ritmos biológicos irregulares, en periodos de cambio se volverá aún más irregular que de costumbre. Un niño intenso y reticente a situaciones novedosas, ante una situación así puede llegar a sentir altos niveles de angustia (sudoración, mareos, vómitos). Un niño intenso y persistente puede ser muy explosivo o pataletero cuando se le da un «no» como respuesta. Y así sucesivamente. Las combinaciones son miles. Les invito a revisar los rasgos de sus hijos y ver cómo estos se relacionan unos con otros. También les insto a hacer este ejercicio con ustedes mismos.

Importancia de aceptar tanto nuestro temperamento como el del niño: El temperamento es parte de nuestra esencia. Recordemos que sus disposiciones se pueden modular, canalizar o contener, pero de ninguna manera eliminar o cambiar al cien por cien. Por esta razón, más que rechazarlo, es mejor aceptarlo y aprender a gestionarlo. Recuerdo una mamá que era muy tranquila y tenía dos hijos (un niño de diez años y una niña de cuatro) y un marido muy activo. La mamá regañaba a su hija por considerarla brusca y poco femenina. No así a su hermano mayor. Le tuve que explicar que su hija, por más que le regañara, iba a seguir activa, que no era un asunto de género, sino de temperamento. Que al regañarle generaba el efecto contrario y que debía ayudarla a canalizar su energía y necesidad de movimiento.

Dada la importancia, los invito a evaluar tanto el propio temperamento como el de sus hijos. Si contestan las tablas de cada categoría, las puntuaciones son las siguientes: bajo (1-2), medio (3-4) y alto (5-6).

Mi temperamento	Bajo 1-2	Medio 3-4	Alto 5-6
Nivel de actividad			
Regularidad en los ritmos biológicos			
Aproximación o retiro ante situaciones nuevas			
Adaptabilidad al cambio			
Intensidad de la respuesta			
Sensibilidad a la estimulación			
Emocionalidad			
Perceptibilidad			
Persistencia			

Temperamento de mi hijo	Bajo 1-2	Medio 3-4	Alto 5-6
Nivel de actividad			
Regularidad en los ritmos biológicos			
Aproximación o retiro ante situaciones nuevas			
Adaptabilidad al cambio			
Intensidad de la respuesta			
Sensibilidad a la estimulación			
Emocionalidad			
Perceptibilidad			
Persistencia			

Resumen del capítulo 2

El temperamento es el conjunto de características biológicas con las que nacemos, que determinan de manera significativa cómo experimentamos el mundo y, por tanto, cómo nos aproximamos a él. Conocer el temperamento de nuestros hijos permite entenderlos mejor, tener expectativas realistas y saber cómo ayudarlos. Favorece la regulación emocional y conductual.

Thomas y Chess reconocen nueve categorías de temperamento:

1. Nivel de actividad
2. Regularidad de los ritmos biológicos
3. Tendencia a la aproximación o retiro ante situaciones novedosas
4. Adaptabilidad al cambio
5. Intensidad de la respuesta
6. Sensibilidad a la estimulación
7. Emocionalidad
8. Perceptibilidad
9. Persistencia de la atención

En cada una de estas categorías una persona puede puntuar alto, medio o bajo. Esto se va conjugando uno a uno y da origen a un perfil único de aproximación al mundo.

Si bien el temperamento tiende a variar poco a lo largo de la vida, la crianza puede atenuar, fortalecer, canalizar y hasta modificar un rasgo temperamental.

3

Regulación emocional

Como padres, todos buscamos que nuestros hijos sepan gestionar sus emociones, pero ¿qué es realmente la regulación emocional? ¿Cómo se aprende? ¿A qué edad los niños deberían ser capaces de gestionar sus emociones?

Propongo la siguiente definición: La regulación emocional es el proceso mediante el cual uno modula una emoción y se controla, con el objetivo de alcanzar una meta o responder de manera adaptativa ante una demanda específica. Esta definición suena un tanto complicada, pero es bastante simple. Veamos un ejemplo: un niño está muy nervioso (emoción) porque tiene que hablar delante de toda la clase (meta). Entonces, para no quedarse en blanco o tartamudear, respira lenta y profundamente (modulación de la emoción). Otro ejemplo: Un niño tiene rabia porque su mamá no le deja comer chocolate (emoción), entonces aprieta sus manitas (se controla) para no pegarle (meta).

La regulación emocional es de extrema importancia para el bienestar de un individuo. Cuando una persona no logra regular de manera adecuada sus emociones, estas tienden a interferir, obstaculizando el logro de metas, las relaciones con otros y la adaptación al medio en general.

En los últimos años se ha comprobado que gran parte de los problemas de salud mental surgen debido a procesos de regulación emocional deficientes,[8] por lo que enseñar a un niño a regular sus emociones de manera adecuada constituye uno de los factores preventivos más importantes.

Este capítulo tiene como objetivo acompañarte en este proceso y llenarte de conocimientos y herramientas para que puedas lograr esta importante tarea. Primero veremos cómo se aprende y qué pasa en los años preescolares, para después ver cómo ayudar en la práctica a nuestros hijos.

¿Cómo aprendemos a regular las emociones?

Lo primero que debemos tener en cuenta es que los niños no nacen sabiendo gestionar sus emociones. Esto constituye uno de los muchos aprendizajes que deben lograr, como aprender a caminar, a hablar o a sumar. La mayoría de los autores plantean que este aprendizaje se da entre el nacimiento y el fin de la adolescencia.

Al igual que otros procesos, los niños van aprendiendo a gestionar sus emociones de manera paulatina y progresiva, con errores y aciertos, pasando por etapas cada vez más complejas. No se le puede pedir a un niño de tres años que controle la rabia como a uno de ocho o de quince.

Es importante saber en qué etapa está mi hijo para tener expectativas realistas de lo que le pasa y de lo que necesita. Muchos padres me consultan porque su hijo de dos años no tolera la frustración y cuando les explico que a su edad es completamente normal, se calman e inmediatamente tienen más paciencia.

Aprender a regular las emociones lleva años y depende tanto de factores biológicos como ambientales. Dentro de los

[8] J. Silva, *Regulación emocional y psicopatología: el modelo de vulnerabilidad/ resiliencia*. Revista Chilena de Neuro Psiquiatría, 43 (2005), pp. 201-209.

factores biológicos está la maduración del sistema nervioso y el temperamento. En la medida en que el sistema nervioso va madurando, la intensidad emocional se va modulando y los niños van ganando herramientas que facilitan sus procesos regulatorios. Por ejemplo, en la medida en que va madurando el hemisferio izquierdo, los niños comienzan a ser capaces de utilizar el lenguaje para calmarse y expresarse.

El temperamento también juega un rol importante. En el segundo capítulo vimos que el temperamento determina características emocionales importantes, como cuánta estimulación necesitamos para sentir una determinada emoción, cuán intensa la sentimos y cuán sensibles somos a ciertos estímulos y situaciones. Estas características facilitan o dificultan aprender a regular las emociones. Por ejemplo, a un niño que siente la ansiedad de manera muy intensa le puede llevar más tiempo aprender a calmarse que a un niño que la siente como el promedio. Más todavía si es persistente y le cuesta cambiar el foco de atención.

La **crianza** es el factor ambiental más importante. Recordemos que mientras los factores biológicos aportan el plano y los tiempos de construcción, la experiencia aporta el material con el cual será construida la habilidad. Por lo que si queremos que nuestros hijos se desarrollen bien, debemos preocuparnos por brindarles experiencias de calidad.

Desde mi experiencia me atrevo a plantear que en la crianza existen tres fuentes de aprendizaje: las actividades estructuradas, nuestro ejemplo y lo que hacemos cuando nuestro hijo está estresado, siendo las dos últimas las más importantes y decisivas.

Actividades estructuradas: Todas aquellas actividades que tienen como objetivo educar acerca de las emociones: cuentos, canciones, hojas para rellenar (del tipo «dibuja lo que te da tristeza»), videos, títeres, etc. Estas actividades sirven, pero no son suficientes, porque si fallamos en las otras fuentes el aprendizaje que se logra es meramente cognitivo. Los niños aprenden acerca de las emociones, pero no a gestionarlas. Por ejemplo, saben que cuando se está triste, reconforta llorar, pero cuando están tristes no son capaces de hacerlo.

Nuestro ejemplo: Esto siempre ha sido una de las fuentes de aprendizaje más importantes en todos los sentidos. Solo hay que ver cómo nos imitan en cosas cotidianas. Nuestros niños siempre nos están observando y aprendiendo de lo que hacemos. Somos su primera escuela de vida.

Por lo mismo, cada vez que regulamos (o no) nuestras emociones les estamos entregando mensajes (positivos o negativos, implícitos o explícitos) acerca de qué hacer cuando tienen en curso una determinada emoción. «Cuando uno se enfada hay que gritar», «la tristeza hay que esconderla», «reconforta llorar cuando uno está triste», «un hombre no puede tener miedo», «si expresas tu rabia te dejan de hablar».

No ganamos nada con leerles cuentos acerca de lo importante que es controlar la rabia si cuando nos enfadamos nos descontrolamos. O con decirles que no estén tristes si cuando nos ven tristes les decimos que estamos bien, que nos entró un bicho en el ojo.

Por esta razón, ayudar a nuestros hijos a regular de manera adecuada sus emociones pasa también por hacerlo nosotros. Este libro es justamente una invitación a mejorar nuestros propios procesos regulatorios. Y como dicen por ahí, la maternidad/paternidad es una oportunidad para crecer y ser mejores personas.

Situaciones de estrés: La otra fuente importante es lo que hacemos (o no hacemos) cuando nuestros hijos tienen una emoción desagradable en curso. Cuando ayudamos a un niño a calmarse, además de promover seguridad en el apego, le estamos enseñando qué hacer cuando tiene una determinada emoción. Por ejemplo, si a un niño lo ayudamos a calmar su rabia pidiéndole que respire, va a aprender que la rabia se puede calmar a través de la respiración. Junto con esto, estimulamos el desarrollo de las estructuras cerebrales encargadas de la regulación emocional. En el primer capítulo vimos que al ayudar a un niño a calmarse, activamos los senderos neuronales de calma (que este caso sería *rabia-respiración-calma*) que con el tiempo conforman las estructuras cerebrales.

En resumen, con el paso de los años y en la medida en que el sistema nervioso va madurando, la regulación provista del exterior comienza a internalizarse y el niño progresivamente comienza a ser capaz de regularse de manera cada vez más autónoma.

¿Existe una forma adecuada de ayudar a nuestros hijos a regular sus emociones?

Al igual que otros procesos, existen formas más adecuadas y menos adecuadas. Por ejemplo, si le enseño a mi hijo a esconder lo que siente, lo más probable es que aprenda a controlarse. Pero también es probable que explote en otras situaciones o que en el futuro desarrolle problemas como dolores de cabeza, pesadillas, irritabilidad.

Lo que se recomienda es estar conscientes de lo que sentimos para poder resolverlo de la mejor manera que podamos. En el apartado «Diagrama de regulación emocional» les voy a contar en detalle cómo ayudar a los niños a hacer este proceso. Pero antes quiero contarles cómo es el desarrollo emocional en los años preescolares e invitarles a cambiar algunas ideas preconcebidas antes de partir.

Desarrollo emocional en los años preescolares

En el primer capítulo vimos que entre los dos y los seis años hay diferencias abismales, por lo que para conocer mejor a nuestro hijo y poder tener expectativas realistas de lo que puede o no puede hacer, conviene que veamos cada tramo por separado.

Preescolares pequeños: el derecho sigue reinando

Alrededor de los dos años comienza a desarrollarse el hemisferio izquierdo y las estructuras cerebrales responsables de la regulación voluntaria de las emociones e impulsos. Esto permite que los niños comiencen poco a poco a contar con ciertas herramientas para regular sus emociones, aunque todavía sean muy incipientes.

El desarrollo acelerado del lenguaje juega un rol muy importante, ya que pueden comenzar a expresarse con palabras y entender mejor el mundo que los rodea. Por ejemplo, ya no tienen que llorar cuando tienen hambre, pueden decir «tengo hambre». Esto reduce bastante el llanto y los malentendidos (al menos de algunas situaciones).

Por otra parte, comienzan a ser capaces de usar el lenguaje para calmarse (por ejemplo, decirse a sí mismos «ya viene mamá» cuando la echan de menos) y entendernos mejor cuando los contenemos (al menos cuando están tranquilos).

Pero, a pesar de estos avances, su cerebro sigue siendo muy inmaduro, las emociones las sienten de manera muy intensa y sus esfuerzos por regularse la mayoría de las veces no son suficientes. La verdad es que el hemisferio izquierdo aún no puede competir contra el derecho.

Un ejemplo claro de esto es cuando se enfadan y le pegan a su cuidador e inmediatamente dicen «eso no se hace». Cuando esto ocurre los padres piensan que su hijo está manipulando para que no lo reten, cuando lo que sucede es que el niño sabe que eso no se hace (hemisferio izquierdo), pero el impulso le sigue ganando (hemisferio derecho).

Esto, más los deseos y necesidades de autonomía y control, explican por qué los niños hacen tantas pataletas a esta edad y les cuesta tanto tolerar la frustración.

Así que deberá tener expectativas realistas y mucha paciencia para contener a sus hijos y ayudarlos a aprender a gestionar sus emociones.

Preescolares grandes: la victoria del izquierdo

Si a los dos años el hemisferio izquierdo comienza a hacer cortocircuito, a los cuatro años se ven los primeros avances. Esto significa que los niños, en la medida que se acercan a los cuatro años, comienzan de manera progresiva a regularse más y razonar mejor, lo que disminuye las pataletas, la intensidad de las reacciones y el oposicionismo.

Nunca voy a olvidar cuando mi hija tenía cuatro años recién cumplidos y quería comerse una chocolatina que le habían regalado en el colegio minutos antes de almorzar. Le dije que no podía y me preparé para lo peor, pero para mi sorpresa me preguntó por qué no podía. Y al explicarle las razones frunció el ceño y me dijo «está bien, pero yo la voy a guardar hasta que me la pueda comer».

Esto es lo que le ocurre a la mayoría de los niños cuando atraviesan los cuatro años. Digo a la mayoría, porque obviamente todos son distintos y el temperamento y la evolución que se haya tenido en los años anteriores influye de manera significativa. Un niño con temperamento difícil puede tener los mejores papás del mundo e igual va a tardar más tiempo en aprender a regular sus emociones.

También ocurre que los preescolares grandes son cada vez más capaces de verbalizar lo que les pasa, lo que necesitan y lo que sienten.

Ahora bien, estos avances no significan que los niños nos dejen de necesitar, sino que ahora podrán regularse en más situaciones por sí mismos y cuando nos necesiten nos será más fácil ayudarlos a recuperar su equilibrio basal.

Lo veo de la siguiente forma: cuando una madre lleva a su hijo de tres años a la plaza, ya no tiene que estar encima suyo todo el tiempo como cuando tenía un año y estaba aprendiendo a caminar, pero claramente no lo puede dejar solo ni perderlo de vista.

Cambios de ideas necesarios antes de partir

En la práctica me he dado cuenta de que existen ciertas creencias o pensamientos erróneos acerca de las emociones (especialmente de la rabia y de la tristeza) que dificultan de manera significativa su regulación. Por ejemplo: «es malo sentir rabia», «la tristeza te hace débil» o «los hombres no lloran», por lo que si queremos ayudar a nuestros hijos a regular sus emociones es imprescindible que las conozcamos y gestionemos.

No existen emociones negativas: Es común usar el calificativo «negativo» para aquellas emociones que no nos gusta sentir, como la rabia, la tristeza y la angustia. Estas, por muy desagradables que puedan ser, no son negativas. Todo lo contrario: cada emoción tiene un sentido adaptativo y un valor funcional, por eso las sentimos. Nos comunican que algo no está bien y que, por tanto, debemos hacer algo para recuperar nuestro equilibrio.

Conocer la funcionalidad de las emociones nos permite entender mejor lo que le pasa a nuestro hijo y qué necesita para estar bien. Veamos brevemente la funcionalidad de las emociones desagradables más comunes: tristeza, culpa, rabia y miedo.

• Tristeza: Uno siente tristeza cuando pierde algo valioso: un ser querido, el cariño de otro, una oportunidad, la ilusión de un sueño, la imagen de alguien que nos decepciona... Y para superar adecuadamente una pérdida es indispensable detenernos a reflexionar acerca de lo que pasó y de cómo vamos a seguir adelante sin aquello que perdimos. Para eso, energéticamente la tristeza lleva nuestro cuerpo al reposo y nuestra mente a la reflexión. Por si esto fuera poco, también activa la creatividad, necesaria para encontrar respuestas, resignificar lo que pasó y recrearnos. No es una coincidencia entonces que los grandes artistas hayan pintado sus mejores cuadros o escrito sus mejores libros cuando han estado tristes.

La tristeza cumple con un fin adaptativo que es ayudar a pararnos tras una pérdida, generando las condiciones físicas y emocionales para ello. Pero si consideramos que la tristeza es negativa y que, por tanto, es mejor esconderla, nos saltamos el proceso reflexivo y en vez de pararnos simplemente nos tapamos los ojos.

• Culpa: La culpa es la emoción que nos permite aprender de los errores y que nos motiva a repararlos cuando nos equivocamos o hacemos daño. El problema es cuando se vuelve patológica y en vez de cumplir su objetivo nos paraliza o deprime.

• Rabia: La rabia, que tiende a ser la emoción que más le preocupa a los padres en estos años, cumple con la función de comunicarnos que lo que está pasando no nos gusta. Ya sea porque lo encontramos injusto, porque pone en riesgo nuestra autoestima o integridad física, porque no nos resultó lo que queríamos hacer, porque le están haciendo daño a un ser querido, en fin, la lista es larga. Si no sintiéramos rabia, ¿cómo podríamos darnos cuenta de todas estas cosas? ¿Que algo no nos gusta? ¿Que debemos defendernos o establecer un límite? Sin duda, es una emoción tremendamente sana en la medida en que la sepamos leer, controlar, expresar y calmar.

El problema de los niños pequeños es que mientras no aprenden que uno no siempre puede hacer lo que quiere y que muchas veces tenemos que practicar algo antes de lograrlo, se enfadan más de la cuenta. En la medida que van creciendo y entendiendo mejor el mundo que los rodea, toleran mejor ciertos estresores y los enfados disminuyen.

• Miedo: El miedo tiene como función protegernos de posibles peligros y/o prepararnos para afrontar una situación amenazante. Si lo pensamos de esta forma, es bueno que los niños sientan miedo. El miedo los protege de situaciones peligrosas como el fuego, cruzar la calle o hablar con un extraño. Y, por otra parte, los prepara para afrontar situaciones amenazantes como el primer día de clases, una disertación o resolver un problema con un amigo. El problema es cuando es excesivo, cuando persiste una vez que pasa el peligro o se le teme a algo que no va a pasar.

Por todo lo anterior, hoy se habla más bien de emociones agradables y desagradables, más que de emociones positivas y negativas. Este es el primer cambio que debemos asumir.

Aceptar nuestras emociones y las de otros: Es más fácil gestionar aquello que aceptamos. No se puede gestionar ni controlar aquello que no se ve o se esconde. Por eso, el segundo cambio a asumir es que por más desagradable que sea una emoción, debemos aceptarla.

Recuerdo a la abuela de un paciente que para ayudar a su nieto a gestionar la frustración, se inventó una historia en la cual el personaje principal perdía en una carrera y no sentía frustración. Sus intenciones eran buenas, pero el mensaje oculto en esta historia era «no hay que sentir frustración» o «sentir frustración es malo». Yo le pregunté si era posible perder y no sentir al menos un poquito de frustración. Me dijo que no. Le expliqué que lo que su nieto necesitaba no era aprender a no sentir frustración, sino a identificarla y a regularla. Y que para eso era indispensable verla, aceptarla.

Para los propósitos de este libro, es especialmente importante aceptar aquellas emociones que nos suscita la crianza. Aceptar, por ejemplo, que nos da rabia que nuestro hijo haga pataletas; que nos sentimos culpables cuando los retamos; que a veces nos irrita que lloren por cualquier cosa. Incluso emociones que a veces ni siquiera entendemos por qué están ahí. Al aceptarlas y tomar conciencia de ellas podemos trabajarlas y gestionarlas mejor en el minuto en que las sentimos.

Aceptar que sentimos emociones desagradables no nos hace malos cuidadores. Todo lo contrario, nos hace conscientes de nuestra naturaleza humana. Este el primer paso para mejorar y ser buenos padres.

Así como debemos aceptar nuestras emociones, también debemos aceptar las de los niños. Esto quizá es aún más difícil porque nos pasan cosas cuando los vemos estresados. Por ejemplo, nos da tristeza verlos tristes y queremos que estén alegres. O nos irrita verlos enfadados y les regañamos.

También ocurre que existe la tendencia a minimizar lo que les pasa. Seguramente has escuchado o dicho alguna vez «son cosas de niños, ya se le pasará» o «no te preocupes, mañana no se va a acordar de lo que pasó». Y me pregunto: ¿Quién dijo que los niños no sufren?

También nos puede pasar que no estemos de acuerdo con lo que desencadena la emoción. Con frecuencia los niños sienten tristeza o miedo por cosas que a nuestros ojos resultan insignificantes. Cuando esto sucede, solemos creer que están exagerando o llamando la atención. Acto seguido, no aceptamos cómo se sienten. Les decimos frases del tipo «¿cómo vas a estar triste por eso?», los miramos con mala cara o simplemente los ignoramos. Sin embargo, lo que para nosotros puede ser insignificante, no implica que lo sea para ellos. No olvidemos que las situaciones las vivimos en función de nuestra edad, de nuestra historia, de nuestro temperamento y recursos. Así, algo que para nosotros puede ser poco importante, para ellos podría ser terrible. Me viene a la mente *El Principito*. Específicamente, el dibujo de la boa que se comió a un elefante y que los mayores ven como un sombrero. Esto es lo mismo.

Un papá me contó que habían ido al cine y cuando se estaban yendo su hijo de cinco años se dio cuenta de que se le había olvidado dentro una pelota (esas de goma muy baratas) y se puso a llorar. Me dijo que él normalmente le hubiese dicho que «no importa» y hubiese seguido su camino, pero que se acordó de mí y no solo lo contuvo, sino que se volvió a buscarla. Después de eso su hijo fue otro con él.

Reconocer las emociones como una oportunidad de conexión y aprendizaje: Al comienzo del capítulo vimos que cada vez que ayudamos a nuestro hijo a regular sus emociones, estimulamos el desarrollo de las estructuras cerebrales encargadas de la regulación emocional, le enseñamos qué hacer con lo que siente (cómo expresarlo, cómo calmarse) y fomentamos apego seguro.

El problema es que regular no es fácil. Y menos cuando estamos cansados, hemos tenido un día difícil, tenemos poco tiempo o nuestro hijo está más sensible de lo habitual y ha llorado todo el día.

Por lo mismo, ayuda mucho ver las situaciones de estrés como una oportunidad de aprendizaje y conexión significativa. Es increíble cómo cambia lo que pensamos y sentimos de una situación cuando la miramos desde otra perspectiva, es más fácil tomarse el tiempo necesario para ayudarlos a regular lo que sienten.

Diagrama de regulación emocional

El diagrama de regulación busca estructurar estos pasos de manera didáctica para que sepamos qué hacer cuando nuestro hijo tenga en curso alguna emoción. Es importante aclarar que los pasos no siempre se deben seguir de manera rígida, todo lo contrario. A veces hay que saltarse uno, o bien ir hacia atrás. Por ejemplo, si la intensidad de la emoción es baja, lo más probable es que el niño se calme al expresar lo que le pasa. En este caso, el paso «calmar» ya no sería necesario.

Sé que esto puede sonar confuso en un principio, pero al leer el diagrama de regulación se darán cuenta de que cada paso tiene una función u objetivo específico, lo que permite determinar si seguir o volver atrás de acuerdo a lo que el niño necesita. Quizá una buena forma de entenderlo sería ver el diagrama de regulación como un botiquín: dependiendo de la herida y su gravedad, uno va sacando lo que necesita. Lo importante es que, pase lo que pase, el botiquín cuenta con todo lo que necesitamos para ayudar a nuestro hijo.

El uso del diagrama de regulación quedará mucho más claro cuando hayan leído cada uno de los pasos y los ejemplos al final del capítulo.

1. Regularse uno

2. Sintonizar con el niño

3. Reflejar y validar

4. Facilitar expresión adaptativa

5. Calmar

6. Reflexión guiada

7. Reforzar

Regularse uno

No podemos ayudar a un niño a regular sus emociones si nosotros no estamos tranquilos. En primer lugar, porque no le vamos a transmitir la calma (verbal y no verbal) que necesita en ese momento. Y en segundo lugar, porque necesitamos tener la cabeza lo suficientemente fría para prestar atención a lo que está ocurriendo y el corazón lo suficientemente tranquilo para sentir y darnos cuenta de lo que le pasa a nuestro hijo y lo que necesita. Por lo mismo, antes de hacer cualquier cosa, es preciso dar un paso atrás, respirar hondo y calmarnos. Es como las instrucciones de seguridad que dan en los aviones. Si hay un accidente, primero debemos ponernos oxígeno nosotros antes de ayudar a nuestros hijos.

Esto que suena tan sencillo, en la práctica es una de las cosas más difíciles de hacer. Nadie es inmune al malestar de un hijo, sea tristeza, rabia o angustia. Esto se debe a que sus emociones despiertan otras aún más fuertes en nosotros.

Para regularnos, lo primero que debemos hacer es identificar lo que nos pasa. Es decir, tomar conciencia de nuestras emociones, reacciones y necesidades. ¿Qué siento? ¿Por qué estoy reaccionando así?

A veces las respuestas a estas preguntas son simples: «Porque ayer dormí mal», «Porque tuve un mal día en el trabajo» o «Porque mi hijo lleva dos semanas enfermo sin salir de casa y ambos estamos cansados». Pero otras veces las respuestas son más complejas y se encuentran en nuestro pasado y en nuestra historia, específicamente en cómo nuestros padres actuaban cuando expresábamos alguna emoción. Por ejemplo, si mi madre se enfadaba cada vez que yo me enrabiaba, lo más probable es que —sin entender por qué— yo también lo haga cuando mi hijo se enrabie. Entonces, si quiero ayudar a mi hijo a regular su rabia es de gran ayuda entender por qué me enfado cuando se enrabia. Y para eso es preciso hacer un viaje al pasado.

Desde pequeños grabamos patrones de cómo reaccionar ante las distintas emociones en función de lo que vemos en nuestros padres. Sus reacciones nos van contando y enseñando qué se debe hacer con determinada emoción. Y con el paso del tiempo, estos patrones se activan en situaciones similares, muchas veces sin darnos cuenta, y nos hacen sentir y actuar de cierta manera.

Sofía tiene nueve años. Su madre la lleva a consulta porque tiene episodios de llantos incontrolables y en dos oportunidades ha dicho que se quiere morir. Tras evaluarla, me di cuenta de que Sofía tenía depresión. Al margen de que Sofía en los últimos meses había afrontado eventos vitales difíciles, una de las causas importantes de su malestar era la gestión que hacían los padres cuando ella se ponía a llorar. «Ya estás llorando de nuevo», «Una vez más, estropeaste el almuerzo», «Mejor ve a tu habitación». Cuando les expliqué que esto no estaba bien, que en ese momento Sofía necesitaba que la contuvieran y no que le riñeran, quedaron impactados. Ambos habían aprendido en su infancia que llorar era malo, y que cuando ellos lo hacían los mandaban a la habitación. Por ello, cuando veían a su hija llorar se irritaban y hacían lo mismo.

Por más que hayamos dicho que no seremos iguales a nuestros padres, si no somos conscientes de nuestra historia, lo más probable es que nos veamos actuando de la misma forma que ellos. Necesitamos conocer nuestra historia para entender nuestras reacciones automáticas y así controlarlas sin que ellas nos controlen a nosotros.

Para regular de manera adecuada a nuestros hijos debemos preocuparnos no solo de regular nuestras mentes, también nuestros cuerpos. No olvidemos que el lenguaje no verbal es mil veces más significativo y determinante que cualquier palabra que podamos decir. Imaginémonos la siguiente escena: están enfermos y los deben someter a una operación compleja. Minutos antes de entrar al quirófano, se ponen nerviosos y le piden a su doctor que les asegure que no les pasará nada. El doctor les dice que no, pero tarda en responder. Su voz es tiritona, no hace contacto visual y se inquieta. ¿Hay alguna posibilidad de que nos calmemos con una respuesta como esta? Nos dice que no pasará nada, pero su lenguaje no verbal nos indica lo contrario. Esa es la importancia de esta clase de recurso y de la regulación de nuestro cuerpo.

Es necesario tomar conciencia y entender lo que les pasa cuando ven a su hijo triste, enfadado, con miedo o con vergüenza. Esto les permitirá gestionar mejor las situaciones. Ahora bien, si sienten que les cuesta controlar sus emociones, recomiendo pedir la ayuda de algún profesional.

Es importante tener en cuenta que por más que uno quiera hacer las cosas bien, a veces no resulta. Somos humanos, no superhéroes. Por lo mismo, debemos ser conscientes de nuestras debilidades y dar lo mejor de nosotros. Pero si en el camino nos equivocamos, tampoco es tan terrible. Debemos reflexionar para entender qué pasó y aprender del error. Junto con pedir disculpas a nuestro hijo y reparar la relación, recomiendo explicarle en un momento de tranquilidad cómo se sentían y por qué hicieron lo que hicieron. Por ejemplo:

«Agustín, siento mucho haberte gritado. Lo que pasa es que me dio mucha rabia que rayaras la colcha nueva y no me controlé. Me siento muy mal por lo que pasó y te quería pedir perdón».

Sintonizar con el estado mental del niño

Sintonizar significa conectarnos con nuestro hijo para ver lo que le pasa. ¿Está triste? ¿Tiene sueño? ¿Está angustiado? ¿Necesita llorar? ¿Necesita un abrazo? Es similar a la empatía, pero más profundo. Implica resonar con el estado mental del otro, conectarnos con nuestro hijo y poner nuestro corazón y cabeza a su disposición.

Para poder hacer esto es indispensable que estemos lo suficientemente tranquilos para salirnos de nosotros mismos y entregarnos a ellos. De ahí entonces la importancia del primer paso.

Cuando los niños expresan lo que les pasa, esto es algo fácil de hacer. Pero la mayoría de las veces los niños pequeños lo demuestran de manera indirecta o encubierta. Alicia Lieberman dice en su libro *La vida emocional de un preescolar*: «Los preescolares no dan discursos acerca de sus vidas internas (o de casi ninguna otra cosa). Para expresar lo que recuerdan o sienten, se apoyan en símbolos, juegos, expresiones faciales, silencios repentinos, lenguaje corporal y oraciones a la mitad. Junto con esto, confían que los adultos van a descifrar estos mensajes y responder a ellos».

Para darnos cuenta de que a nuestro hijo le pasa algo, es importante conocerlo y estar atentos a sus reacciones y lenguaje no verbal. El cuerpo no miente, por lo que por mucho que no exprese o esconda lo que siente se le va a notar. Aquí les dejo una lista de conductas que pueden indicar que un niño está estresado: inquietud (de la nada se puso más intranquilo de lo habitual), verborrea (habla y no hay quien lo pare), risa descontextualizada o sin sentido (se pone a hacer cosas chistosas para reírse y hacer reír al resto), chuparse el dedo, gritar, tocarse las partes íntimas, conductas regresivas (como hablar como bebé o gatear), hacerse el sordo. Veamos algunos ejemplos:

Catalina tiene casi cinco años. Sus padres se separaron hace seis meses. El fin de semana pasado llegó muy irritable de la visita con el padre y provocativa con la madre (no le hacía caso, la miraba y hacía como que iba a romper el florero, andaba con el ceño fruncido). La madre, a la tercera llamada de atención, se dio cuenta de que detrás de estas conductas había una razón emocional, por lo que optó por abordar la situación desde ahí.

Maximiliano tiene cinco años y medio. En la última consulta, sin querer, rompió una figura de greda que había hecho otro niño. Se mostró inquieto, empezó a hacer muecas divertidas y a moverse de un lado a otro. Yo me di cuenta de que estaba muy angustiado por lo que pasó y no sabía ni cómo expresarlo ni resolverlo.

Vemos a través de estos ejemplos lo importante que es sintonizar con los niños para saber realmente lo que les pasa y lo que necesitan. Durante el proceso de regulación los niños pueden necesitar distintas cosas. A veces, que uno esté cerca; otras, que uno tome distancia. A veces necesitan silencio, otras, que se les hable.

Reflejar y validar

Una vez que tenemos claro lo que le pasa al niño, se lo debemos reflejar, esto es, ponerle en palabras lo que siente, lo que sucede o lo que necesita. Se usa la palabra «reflejo» porque al hacer esto metafóricamente nos convertimos en espejo de su estado mental.

> «Matías, entiendo que te dé rabia que no te compre el juguete».
> «Por tu carita veo que tienes mucha tristeza».
> «Cuando te chupas el dedo es porque algo te pone nerviosa».
> «Entiendo que te sientas mal por lo que hiciste».
> «Te entristeció despedirte de papá».
> «Sé cuánto te molesta que las cosas no te resulten como quieres».

Como se ve en los ejemplos, el reflejo debe ser corto y simple. Cuando los niños están con una emoción en curso, la parte del cerebro que escucha y procesa se encuentra literalmente bloqueada. Entonces no es momento de dar discursos o sar palabras muy complejas. Con preescolares pequeños el reflejo incluso se puede reducir a «tienes rabia» o «te dio tristeza».

Lo otro importante es el contacto visual y la expresión no verbal. Para aumentar la conexión y la receptividad, debemos ponernos a la altura del niño y mirarlo a los ojos. Si el niño lo permite, hacer algún contacto físico como tomarle su mano o tocarle el hombro. Digo «si el niño lo permite» porque a veces cuando uno está estresado el contacto físico no es bienvenido. Cuando el niño siente rabia, incluso conviene ponernos un poco más abajo y mirarlo hacia arriba. Esto nos pone en una actitud servicial que facilita que no se sienta atacado y baje sus defensas.

El lenguaje no verbal también es importante. Para ser realmente un reflejo de su estado mental, lo ideal es que además de poner en palabras lo que le pasa, también se lo expresemos de manera no verbal. Es decir, que nuestra mirada, expresión y tono de voz sea acorde con la emoción que lo acongoja. La expresión debe ser discreta, en ningún caso exagerada, ya que tiene como objetivo que el niño sienta que lo entendemos, no que estamos igual de estresados que él (ya que eso los angustia). Cuanto más pequeño es el niño, más importante es la expresión no verbal de la emoción. Les invito a mirar cómo las mamás interactúan con un bebé. El uso de la expresión no verbal de los estados mentales es casi instintivo.

Reflejar tiene importantes beneficios afectivos, cerebrales y educativos que favorecen la calma y promueven un buen desarrollo socioemocional. Veamos cada uno por separado.

• Afectivos: Cuando ponemos en palabras lo que le pasa a nuestro hijo, este no solo se siente visualizado sino también comprendido. Esto inmediatamente genera calma. No tiene que intensificar lo que le pasa para sentirse entendido. ¿Les ha pasado alguna vez que le cuentan algo importante a un amigo y este en vez de entenderlos le baja el perfil y les dice que no es para tanto? Cuando eso ocurre, nos vemos obligados a reiterar y justificar lo que nos pasa. Esto mismo le ocurre a los niños.

Otro beneficio afectivo es que el reflejo contiene la experiencia del niño. Al traducirle lo que le pasa en palabras simples, le resulta más fácil tolerar lo que siente y, por lo tanto, calmarse. Una emoción que le parece amorfa y desconocida, mágicamente se convierte en algo definido: «rabia», «tristeza», «angustia», «miedo».

Muchas veces los niños no entienden lo que les pasa, entonces ver que sus padres sí entienden los tranquiliza. Algo así como «mi papá sabe lo que me pasa, qué bien, no debe ser tan terrible».

• Cerebrales: Existen varios estudios que demuestran que el acto de poner en palabras una emoción tranquiliza el sistema nervioso y le permite a los niños recuperarse mejor y más rápido de una situación de estrés.[9] Esto se debe a que la emoción viene del hemisferio derecho y el lenguaje del izquierdo. Entonces al poner en palabras lo que nos pasa, activamos el izquierdo, donde se encuentran las estructuras encargadas de la regulación voluntaria.

Esto es muy importante. No solo porque genera calma, sino porque permite que ambos hemisferios trabajen en conjunto. Y se sabe que mientras más integrados estén los hemisferios, mejor funcionan. Es lo que se conoce como integración horizontal.[10]

• Educativos: En cuanto al beneficio educativo, el reflejo permite que el niño vaya poco a poco aprendiendo a reconocer y a ponerle nombre a lo que le pasa, de la misma forma que algún día lo aprendió con otros estados más simples, como el hambre, el frío o las ganas de ir al baño. Veamos el proceso:

En algún minuto, su hijo aprendió que el malestar en el estómago se llama «hambre», porque cada vez que lo sentía escuchaba esta palabra o frases del tipo «debes tener hambre». Entonces hoy, cuando le «cruje» el estómago, sabe perfectamente qué le pasa.

Reflejo:
«¡Estás muerto de hambre!»

Crujidos
Sensación de vacío
Fatiga

Aprendizaje
Tengo hambre

[9] J. Gottman, *Raising an emotionally intelligent child*, Nueva York, Simon and Schuster Paperbacks, 1997.
[10] D. Siegel, *The Developing Mind: How relationships and the brain interact to shape who we are*. The Guilford Press, 2012. D. Siegel y T. Payne, T., *The Whole Brain Child: 12 Revolutionary Strategies to Nurture Your Child's Developing Mind*, Nueva York, Bantam Books, 2012.

La idea es lograr este mismo aprendizaje con los estados emocionales. Que los niños al escuchar los reflejos vayan aprendiendo a reconocer lo que les pasa. Por ejemplo, que aprendan que la opresión en el pecho se llama «tristeza» y que es normal sentirla cuando nos dicen algo que no nos gusta.

Reflejar constituye un ejercicio que requiere práctica. Al principio uno no sabe bien cómo hacerlo. Puede ser raro tanto para el padre como para el niño, especialmente si no están acostumbrados a hablar de sus emociones. Pero como cualquier otro aprendizaje, con el tiempo uno va ganando maestría. ¡Vale la tristeza intentarlo!

Y si hacemos un reflejo y nos equivocamos, no pasa nada. Lo más probable es que el mismo niño nos diga que no se siente como creemos. En caso de que esto ocurra, le damos la oportunidad de que nos cuente cómo se siente. Y si no lo sabe, de seguir ayudándolo.

Reflejar también nos da la oportunidad de **validar** lo que al otro le pasa. Esto es muy importante, ya que los niños necesitan sentir que es normal (valga la redundancia) lo que están sintiendo. «Entiendo tu rabia, a mí tampoco me gusta que las cosas no me salgan bien», «Es normal sentirse así cuando nos equivocamos».

Cuando un niño crece en un ambiente donde nadie visualiza ni acepta lo que le pasa, lo más probable es que desconfíe de sus emociones o aprenda que son malas o poco importantes y que, por tanto, hay que evitarlas o esconderlas. Por esta razón los niños necesitan que visualicemos, validemos y aceptemos sus emociones. Si no lo hacemos nosotros, tampoco lo harán ellos.[11]

Permitir y facilitar la expresión adaptativa

Muchas personas tienen la idea de que las emociones se extinguen o desaparecen cuando uno no las expresa. Déjenme decirles que aquello está lejos de ser cierto. Cuando uno no expresa una emoción, tarde o temprano vuelve, o simplemente se transforma en otra cosa (por ejemplo: en tensión muscular, en dolor de cabeza, en una pesadilla, en hiperactividad). Esto se debe a que las emociones son energía y, como tal, nunca desaparecen. Como dicen los físicos: la energía nunca se pierde, solo se trasforma.

Quiero compartir con ustedes un dato que, en lo personal, me ayudó mucho a entender la importancia de la expresión emocional. Existe una forma de evaluar el tipo de apego que tiene un padre con su hijo: se llama «situación extraña». De manera muy sucinta, consiste en observar cómo reacciona un niño (menor de dos años) cuando la mamá se va y lo deja solo en una sala que ha empezado a conocer, junto con observar cómo se comporta cuando vuelve. Las reacciones del niño permiten clasificar el tipo de apego y cómo gestiona sus emociones. Se ha visto que los niños que no expresan ninguna emoción ante la partida o la llegada de la madre, son niños que desde pequeños aprendieron a no hacerlo. Mientras que los niños que lloran cuando la mamá se va y se calman cuando vuelve son aquellos que desde pequeños aprendieron a expresar lo que sienten y a buscar contención y tranquilidad

[11] J. Gottman, *op. cit.*

en los brazos de su cuidador. Lo impactante es que a través de mediciones fisiológicas[12] se vio que los niños que no lloraban ante la partida del cuidador presentaban niveles de estrés mucho más altos que los que sí lo hacían.

Cuando no expresamos las emociones, estas no solo permanecen, sino que además aumentan su intensidad. Para ayudar a nuestros hijos a regularse, es importante que le demos espacio a la emoción. Muchas veces los papás al ver a su hijo estresado quieren que se calme lo más rápido posible y este paso prácticamente se lo saltan. Eso no hace bien. Antes de calmar, debemos acompañar y escuchar a nuestro hijo.

Es importante que tengan presente que existen distintas formas de expresar el estrés. El llanto no es la única. En el paso «sintonizar» vimos que la mayoría de los niños manifiestan lo que les pasa de manera indirecta. Por lo que si queremos ayudarlos a expresar lo que les pasa y regularse, debemos conocerlos y estar atentos a sus señales. Mi hija mayor cuando está nerviosa se chupa el pelo, mi hija menor se pone verborreica.

Cómo ayudar a un niño a expresar sus emociones: Cuando nuestros hijos se encuentran estresados debemos ayudarlos a expresar su malestar, ya sea hablando, llorando o pegándole a una almohada. Obviamente, la expresión dependerá de la emoción en curso y de la situación que esté viviendo (por ejemplo, si el niño tiene miedo, más que pegarle a una almohada necesita hablar de lo que le pasa).

El reflejo ayuda mucho a la expresión emocional, porque al aceptar y validar lo que el niño siente, le damos la confianza para decir lo que le pasa sin el temor a que lo dejen de querer o de que pase algo malo. Cuando a mis hijas les ocurre algo

---

[12] Las medidas fisiológicas mostraron actividad del sistema simpático intensificada, tanto en índices cardíacos como en medidas de conductancia.

y se quedan calladas, al hacerles un reflejo inmediatamente empiezan a hablar. En la consulta me pasa lo mismo con los niños. Es como si el reflejo abriera una puerta a la intimidad y a la expresión.

Los abrazos también sirven mucho. En los brazos de mamá o papá nada les puede pasar. Es el mejor lugar para contactar con lo que sienten y sacarlo fuera.

Cuando quiero que un niño libere su llanto (o llore tranquilo) le digo que tiene que sacar su tristeza para que su corazón deje de estar apretado y nervioso. Otras veces les digo que las lágrimas sacan la tristeza. Explicaciones como estas ayudan a los niños porque las comprenden, al ser concretas y corporales.

Dado que el lenguaje aún no es el fuerte en la etapa preescolar, cuando no pueden o les cuesta expresar lo que les pasa, sirve de mucho utilizar medios como los juegos o el dibujo. Se le puede pedir que dibuje lo que siente o lo que le pasó. Un día mi hija mayor se despertó asustada porque tuvo una pesadilla. Le dije que le haría bien dibujar el monstruo que la había asustado. Cuando el dibujo estuvo listo, las dos le dijimos «¡No molestes más!». Le dibujamos un chupete y un plátano para que se cayera. Camila dejó de estar asustada y nos reímos.

Es muy importante tener presente que habrá veces en que los niños, por más que los alentemos, no querrán expresarse. Cuando esto sucede, debemos respetarlos. Al igual que nosotros, a veces simplemente no quieren hablar o necesitan permanecer en silencio durante un tiempo.

Esto les ocurre especialmente a los niños que tienden a la introversión. Antes de contarle a otra persona lo que les pasa, necesitan tiempo y espacio. Por lo mismo, puede que no quieran hablar cuando los pasas a buscar al colegio, pero sí por la noche antes de irse a dormir. Mi consejo es que no los agobien haciéndoles mil preguntas si es que se aíslan. Cuando ocurra un incidente o noten que a su hijo le pasa algo y no quiere hablar, pueden simplemente darle espacio y preguntarle más tarde o bien decirle: «Entiendo que no quieras hablar ahora. Estaré atenta para cuando quieras hacerlo». Otra frase que podría funcionar es «parece que necesitas tiempo antes de hablar, te entiendo. Volveré a preguntártelo en un ratito». Frases como estas ayudan a que los niños se sientan comprendidos, que se conozcan a sí mismos y que sientan que no hay nada de malo en que no quieran hablar de inmediato.

Cuando el niño expresa lo que le pasa: Cuando los niños expresan lo que les pasa, es muy importante darles el espacio que necesitan. A veces nos apena tanto ver a un hijo llorar que tratamos de alegrarlo o que se distraiga para que deje de hacerlo. Esto es un error porque lo que se requiere en ese momento es justamente descargar su tristeza.

Por ningún motivo debemos burlarnos o reírnos cuando expresan lo que les pasa. Tampoco permitir que lo hagan los hermanos mayores, primos u otras personas. Esto suena feo, pero es más común de lo que uno se imagina. A veces nos reímos de un niño porque encontramos que se ve tierno o gracioso de brazos cruzados. Hay que tratar de no hacerlo. Sobre todo las burlas más ofensivas como imitarlo o bautizarlo con apodos como «lloroncito», «pesadito» o «miedoso».

Es importante tener en cuenta que a esta edad los niños no son grandes parlanchines, por lo que no esperen que sus hijos hablen con detalle acerca de cómo se sienten. En general con una frase basta: «Estoy asustada», «Estoy enfadada», o «Estoy triste». Cuando son más grandes (a partir de los tres años y medio), además de decir cómo se sienten, pueden expresar también la causa: «Me da miedo la oscuridad», «Estoy triste porque te tienes que ir a trabajar», «Estoy enfadada contigo porque no me diste lo que quería».

Si sentimos que los niños necesitan seguir expresando lo que les pasa, podemos ayudarlos haciéndoles más reflejos. Veamos un ejemplo para clarificar esta idea:

De un minuto a otro, Catalina se amorró y se apartó de su madre y de su hermana menor. La madre, al percatarse de que algo le pasaba, se acercó:

Mamá: «Mmm, parece que estás triste» (reflejo).

Catalina: «Sí, tengo tristeza» (expresión).

Mamá: «¿Te puso triste que abrazara a tu hermana y a ti no?» (reflejo).

Catalina: «Sí» (expresión).

Mamá: «¿Quizá sientes que la quiero más a ella que a ti?» (reflejo).

Catalina: «Sí» (comienza a llorar).

(Abrazo)

Mamá: «No, mi amor, de ninguna manera. Abracé a tu hermana porque estaba cerca. Qué bien que me hayas contado cómo te sientes, si no, te hubieses quedado con la duda y con la penita adentro».

En el ejemplo podemos ver que cuando seguimos haciendo reflejos ayudamos al niño a descubrir, entender y expresar lo que le pasa.

Importancia de la expresión adaptativa: Recordemos que en la etapa preescolar las estructuras cerebrales que regulan las emociones y los impulsos han empezado a desarrollarse, por lo que los niños fácilmente se descontrolan o hacen cosas inadecuadas cuando expresan una emoción (morder, golpear, pegarse, insultar). Hace poco conocí a un chico de tres años que cuando algo no le salía bien se golpeaba la cabeza. En otra ocasión, me tocó ver a una niña de cuatro años y medio que se tiraba y arrancaba el pelo cuando se ponía nerviosa.[13]

---

[13] Esto se da especialmente entre los dos y los cuatro años.

Por esta razón, así como es importante ayudar a los niños a expresar lo que sienten, también es importante que puedan hacerlo de una manera correcta. Los niños necesitan límites para expresar sus emociones. No porque tengan rabia van a golpear, romper un juguete o rayar una pared. Dejar que un niño exprese libremente lo que siente puede ser igual de dañino que no dejarlo en absoluto. Especialmente, si la emoción es muy intensa. De ahí el nombre de «expresión adaptativa».

No quiero que esto se entienda como que debemos oprimir a nuestros niños, todo lo contrario. Los límites debemos verlos como bordes contenedores de la expresión emocional. Mientras este no cuenta con la capacidad para modular por sí solo su expresión, debemos ayudarlo a hacerlo desde fuera. Mientras el reflejo verbal contiene la sensación de la emoción, los límites contienen su expresión.

Tengamos siempre presente que cada vez que establecemos límites, además de contener al niño y ayudarlo a modular su expresión, le estamos enseñando formas apropiadas o respetuosas de expresarse. Veamos qué pasa cuando esto no se hace:

Joaquín tiene cinco años recién cumplidos. El colegio lo deriva a evaluación psicológica porque tiene poca tolerancia a la frustración y cuando se enfada tira al suelo lo que encuentra por delante: mochilas, comida o trabajos de sus compañeros. Y cuando se le llama la atención, golpea y escupe. En una ocasión, le tiró una piedra a una profesora durante el recreo. Aparte de las razones emocionales que hay detrás de su conducta, en este caso también hay un problema de límites. En casa, cada vez que se enfada, Joaquín lanza todos sus juguetes al suelo. Su madre le permite hacer esto porque dice que es importante que descargue sus emociones, que a ella de tanto reprimirlas generó un cuadro de estrés, entonces desde pequeño lo ha alentado a expresar lo que siente sin límite alguno.

A través del ejemplo vemos lo importante que puede ser establecer límites y enseñar a los niños a expresar sus emociones de manera adecuada. Sobre todo en esta etapa en que sus cerebros están en pleno desarrollo y más abiertos que nunca a la experiencia del ambiente.

El límite siempre se establece después del reflejo. Es muy importante que al niño le quede claro que el problema no es lo que siente, sino la forma en que lo está expresando. «Sé que tienes rabia (reflejo), pero no por eso vas a tirar tus juguetes (límite)», «Sé que estás nervioso (reflejo), pero comerte las uñas no te va hacer sentir mejor (límite)».

Los papás siempre se preocupan de establecer límites cuando las conductas son ruidosas o disruptivas. No así cuando son silenciosas, como comerse las uñas, chuparse el dedo, morderse la boca por dentro. Es importante que también regulen estas conductas, porque cuando se vuelven compulsivas pueden llegar a ser muy dañinas. En los últimos meses he recibido a muchos niños que se comen las uñas y se muerden los dedos de las manos hasta que les sale sangre. Y cuando esto sucede, siguen con los pies.

Para que el niño aprenda a expresar lo que le pasa de buena forma, además de establecerle un límite, debemos enseñarle cómo hacerlo. Por ejemplo: en vez de comerse las uñas, respirar. En vez de tirar los juguetes, pegarle a una almohada. En vez de chuparse los dedos, abrazar.

Ustedes se preguntarán qué consideraremos como expresión adecuada o inadecuada. Obviamente, la respuesta dependerá de la familia, de los valores y de la cultura. En general, propongo cualquier medio de expresión que no me dañe, que no dañe a otros y que no dañe objetos, salvo los permitidos (por ejemplo, revistas viejas que se pueden romper en un momento de rabia). Estas son las reglas de oro de la expresión emocional.

Calmar

A pesar de que estamos ayudando al niño a regular lo que siente desde el primer paso del diagrama, este es el momento en que realmente le ayudaremos a recuperar su equilibrio basal.

Es importante ayudarlos a calmarse, ya que los niños no cuentan ni con la madurez ni con las herramientas para hacerlo por sí mismos de manera adecuada. Muchos padres en la consulta y en las charlas me rebaten esta idea diciéndome que su hijo es capaz de dejar de llorar solo. Y tiene razón. Pero dejar de llorar no necesariamente implica calmarse. Se ha visto que muchos niños dejan de llorar por cansancio o para retomar el contacto con sus padres, pero por dentro el cortisol sigue dando vueltas. Esto, además de ser poco sano, los deja vulnerables a estresarse por cualquier cosa, por pequeña que sea.

Cuando la emoción es poco intensa, muchas veces los niños se calman tras hacerles un reflejo y ayudarlos a expresar lo que les pasa. Esto ocurre con más frecuencia después de los cuatro años, especialmente cuando están acostumbrados a que los ayuden a calmarse desde pequeños.

Pero cuando la emoción es intensa y el niño tiene menos de cuatro años, o no está acostumbrado a la regulación, ayudarlo a calmarse va a requerir que despleguemos alguna estrategia y que tengamos mucha paciencia.

Pero vale la tristeza hacerlo. Recordemos que cada vez que ayudamos a un niño a calmarse, estimulamos el desarrollo de sus estructuras cerebrales, les enseñamos estrategias de regulación y fomentamos apego seguro.

Además de estos beneficios, permitimos que aprenda que no importa cuán intensa sea la emoción, pues luego viene la calma. Este aprendizaje es esencial para la regulación de las emociones y para el desarrollo de una personalidad resiliente.

Cuando no ayudamos a un niño a calmarse y lo dejamos a merced de sus emociones, la experiencia de desborde le puede resultar muy angustiante. Esto con el tiempo lo puede llevar a bloquearlas o desarrollar estrategias poco sanas (como hacerse daño). Metafóricamente podríamos decir que dejar a un niño a merced de sus emociones es como permitir que se moje los pies solo en la orilla de un mar tormentoso. El niño no tiene la fuerza para sostenerse por sí mismo, por lo que le resulta tremendamente angustiante resistir la ola y que esta lo tire. Distinto es mojarse de la mano del padre. La intensidad de la ola es la misma, pero de la mano de papá no pasa nada. La puedo resistir sin angustia.

Existen distintas formas de ayudar a un niño a recuperar la calma. La estrategia a emplear dependerá de las características del niño (especialmente del temperamento), de la emoción en curso y el contexto. A continuación les propongo las más comunes y efectivas.

• Cambiar el foco de atención: Esta es una de las técnicas más efectivas. Busca que el niño deje de focalizar su atención en aquello que le provocó estrés y la focalice en algo alternativo. Por ejemplo: «Mi amor, no podemos ir al parque porque estás resfriada (factor estresante). Sé que querías ir y que estás enfadada, pero podemos hacer otra cosa que te guste mucho como jugar con plastilina (factor alternativo)». Esta técnica se usa mucho con bebés (mostrarles su juguete favorito para que dejen de llorar), pero por alguna razón la dejamos de usar cuando los niños crecen. Gran error, porque es tremendamente efectiva, especialmente con niños pequeños.

Esta técnica también es buena cuando el niño está muy apenado, o asustado y no logra salir de su estado. Por ejemplo: le pasó algo triste, no deja de llorar y de acordarse de lo que le ocurrió. En un caso como este podría ser útil enseñarle que tras expresar lo que nos pasa y rechazar nuestra tristeza, es necesario dejarlo ir y pensar en otra cosa. Por ejemplo: «Cata, ahora que has rechazado tu tristeza, ¿te parece si vamos a pasear a la perrita? Esto te ayudará a tranquilizarte».

Quisiera hacer una aclaración muy importante: esta técnica se debe usar una vez que la situación de estrés se abordó, porque si nuestro hijo está triste y lo invitamos a la plaza para que se ponga contento, sin abordar lo que está sintiendo, lo que estamos haciendo no es ayudarlo a calmarse sino a evadir. Y eso no es sano. Al hacer esto, indirectamente le transmitimos el mensaje «cuando uno está triste hay que hacer como que no pasa nada», «cuando uno está triste hay que evadirse divirtiéndose».

Lo otro que hay que evitar es calmar con comida. Recordemos que estamos formando senderos neuronales y no queremos que nuestros hijos en el futuro cuando estén mal se les active el circuito *estrés-comida*. No solo por un tema de obesidad, sino porque estamos sembrando semillas para el desarrollo de trastornos alimenticios.

La comida y los panoramas entretenidos se pueden usar para cambiar el foco de atención después de abordar la emoción, e idealmente cuando el niño ya se haya calmado. Veamos el siguiente ejemplo:

Emilia está muy triste porque murió su perrita. Su madre la abraza y le dice que llore, que eso la va ayudar a sacar la tristeza. Cuando siente que está más calmada, la mira a los ojos, le seca las lágrimas y le dice: «Mi amor, sé cuánta tristeza sientes. Quizá te vas a sentir mejor si le haces un dibujo para decirle cuánto la querías». A Emilia le parece una buena idea y comienza a dibujar. Cuando termina su dibujo, está completamente calmada. Incluso risueña, porque dibujó a su perrita haciendo algo gracioso. Su mamá entonces le dice: «¿Te gustaría que hagamos algo muy rico para cenar y después veamos una película? Ha sido un día difícil y necesitamos relajarnos».

• Caricias: Esta técnica es la más simple de todas y consiste en ayudar a nuestro hijo a calmarse abrazándolo o haciéndole caricias. Es especialmente útil con niños que desde pequeños se regulan desde lo táctil (por ejemplo, de bebé se quedaban dormidos pasándose la almohadilla de dormir por la cara o tocando un peluche).

Para el buen uso de esta técnica, debemos estar lo suficientemente tranquilos, pues el estrés se transmite fácil y rápidamente a través del contacto corporal. Esto se ve con claridad cuando una mamá está cansada o nerviosa y no logra calmar a su bebé, y de repente se la pasa a otra persona y se calma de inmediato.

Lo otro importante es que los niños quieran que les hagamos caricias. A veces cuando están muy estresados no quieren que los toquen. Cuando esto ocurre, el contacto es contraproducente porque los altera más. Entonces se debe usar otra estrategia y esperar a que la intensidad de la emoción baje un poco.

• Mecer: Esta estrategia está relacionada con la anterior. Cuando un niño está muy estresado y permite que lo abracemos, puede servir mecerlo sutilmente de un lado a otro. Esto que se hace con los bebés, también sirve con niños más grandes debido a que genera calma desde lo vestibular.

• Respiración: Consiste en respirar lenta y profundamente hasta calmarnos. Apunta a tranquilizar la emoción a través del cuerpo. Es una técnica muy simple y conocida, pero se debe usar bien para que sea efectiva. Lo primero que debemos hacer es enseñarle al niño cómo hacerlo. Debe respirar lentamente por la nariz hasta llenar sus pulmones de aire, para posteriormente vaciarlos al mismo ritmo. La clave es enseñarle cuando está tranquilo y no estresado, ya que en ese momento lo más probable es que no quiera escuchar o no entienda cómo hacerlo.

Dado que los niños son concretos y corporales, sirve de mucho pedirles que pongan sus manos en su abdomen y sientan como el aire entra y sale de sus cuerpos. Para potenciar el efecto, yo les digo que se imaginen que tienen un globo dentro y que lo tienen que llenar y vaciar.

Cuando su hijo esté estresado y quieran ayudarlo a respirar, deben ponerse a su altura, hacer contacto visual y pedirle que respire con ustedes. Aquí es muy importante el modelo. Nuestra respiración debe ser tranquilizadora en tanto irá marcando la del niño. También pueden hacer contacto físico. Como a mis hijas les enseñé la respiración globito, cuando están estresadas me piden que ponga mi mano en su abdomen y las ayude a respirar contando hasta tres.

• Ejercicio/Mover el cuerpo: Similar a la respiración, el ejercicio calma la emoción a través del cuerpo. Se ha visto que mover el cuerpo rítmicamente (salir a caminar, saltar, bailar) ayuda a liberar tensión, cambiar el foco de atención e incluso mejorar el funcionamiento de nuestro cerebro. Mary Sheedy[14] dice que el ejercicio, especialmente los movimientos repetidos, crean agentes tranquilizadores naturales en el cuerpo, lo que le permite al niño calmarse con mayor facilidad.

• Cambio de ambiente: Esta técnica consiste en alejar al niño de la situación que le generó el estrés para que la emoción no siga creciendo. Por ejemplo, si su hijo les pide patatas fritas y ustedes le dicen que no, lo más probable es que sea más fácil calmarlo lejos del paquete de patatas fritas. O si están en una reunión familiar y su hijo tiene mucha vergüenza, lo ideal es llevarlo a una habitación aparte.

[14] M. Sheedy, *op. cit.*

• Yo decido: Esta técnica consiste en ayudar a los niños a tomar la decisión de estar bien. Por ejemplo: «Sé que estas muy molesto porque está lloviendo y no podemos ir al parque, pero tienes dos alternativas: o te quedas toda la tarde aburrido o buscamos otra cosa que te guste y lo pasamos bien. ¿Qué prefieres?». Dado que es una estrategia cognitiva, para que sea efectiva el niño no puede estar muy alterado. Por lo mismo, recomiendo usarla cuando los niños se quedan pegados en una emoción y no logran salir de ella, pero no cuando están desbordados. También recomiendo usarla con preescolares grandes porque exige mayor desarrollo cognitivo. Finalmente, si el niño decide seguir triste o pasivo se debe respetar su decisión. Y si decide cambiar el foco, reforzarlo.

• Pensamiento mágico: Se llama «pensamiento mágico» a un conjunto de características típicas del pensamiento preescolar. Cuando se las explique, seguro que las identificarán. Una de ellas es el animismo, que consiste en atribuirle vida y características humanas a objetos que no las tienen (pensar que la muñeca tiene hambre o que el sol se va a dormir). Otra característica es la dificultad para distinguir entre fantasía y realidad. Los niños a esta edad suelen confundir la realidad con la apariencia, lo que los hace propensos a mentir y a creer en Papá Noel o en el Ratoncito Pérez. Estas características se pueden usar para ayudarlos a regular sus emociones.

Una forma de hacerlo es personificar una emoción. Esto consiste en darle vida a una emoción para concretarla y facilitar así su gestión. Por ejemplo, hubo un tiempo en que a mi hija mayor le daba miedo caminar por el aparcamiento porque pensaba que la podían atropellar. Yo le dije que el miedo le servía para cuidarse, pero que si no venía ningún coche, el miedo debía irse. Entonces la motivé a pegarle patadas al miedo y decirle que se fuera. Nos fuimos el resto del camino riéndonos y pegándole patadas al miedo. Con esto, no solo hizo el ejercicio de dejar ir una emoción, sino también cambió su estado emocional a uno agradable (alegría/risa). Otro ejemplo de personificar una emoción puede ser darle vida a las lágrimas. Tanto a mis niñas como a mis pacientes les digo que sienta muy bien llorar cuando estamos tristes, porque las lágrimas son gotitas de agua que sacan la tristeza que sentimos dentro.

También se puede usar la imaginería. Esta consiste en ayudar a un niño a calmarse a través de una metáfora o imaginería. En el cumpleaños de mi padre mi hija mayor se golpeó en un pie y estaba muerta de vergüenza. Me fui a un rincón con ella y le pedí que se imaginara un globo muy grande en el cual meteríamos toda la vergüenza que sentía. Empezamos a representar esta imagen. Ambas hacíamos como que metíamos algo dentro de un globo y, cuando estuvo lleno, le hicimos un nudo y lo dejamos ir por la ventana.

• Contención física: Esta técnica se recomienda cuando el niño está físicamente descontrolado (por ejemplo, rompiendo algo o pegándose). Consiste en abrazarlo fuertemente hasta que se tranquilice un poco. Si el descontrol es mucho, se recomienda abrazarlo por atrás, es menos intimidante e invasivo. El abrazo por delante, cuando un niño está muy estresado, en general no es bien recibido. El objetivo de esta técnica no es solo tranquilizarlo, sino evitar que se haga daño a sí mismo o a otros.

Estas son algunas estrategias que se pueden usar para ayudar a un niño a calmarse. Por supuesto, existen muchas otras. Lo que debe guiar nuestra elección es lo que a nuestro hijo le resulte efectivo.

Es importante tener presente que una técnica que por lo general es efectiva, en determinados momentos puede no serlo. Si el niño rechaza una fórmula que antes daba resultado, no hay que insistir y debemos buscar otra. De ahí la importancia de estar sintonizados y conectados con nuestro hijo.

Otra idea a tener en cuenta es que las técnicas se pueden combinar. Con frecuencia unir estrategias potencia el efecto de regulación. Por ejemplo, se le puede pedir a un niño que respire, después darle un abrazo y finalmente que haga algo que lo distraiga.

Espacio antes de calmar

A veces, cuando la emoción es muy intensa, los niños (al igual que nosotros) necesitan de un espacio para descargar lo que les pasa y calmarse. Esto ocurre, por ejemplo, cuando los queremos abrazar y nos rechazan o cuando nos acercamos y nos dicen que nos vayamos.

Cuando esto ocurre debemos quedarnos cerca, en silencio, y esperar que la intensidad de la emoción baje un poco. La idea es que sepa que estamos ahí, que no han perdido la sintonía con nosotros por estar frustrados, todo lo contrario, que estamos tan conectados con ellos, que sabemos que necesitan un espacio. Es importante no confundir el espacio de calma con dejar solos a los niños en un momento de estrés. Es muy distinto mandar a la habitación a un niño hasta que se calme, que decirle «veo que necesitas estar un ratito solo. Me voy a quedar aquí».

El espacio de calma también implica quedarnos en silencio. Cuando un niño está muy desregulado y no quiere escuchar a nadie, cualquier palabra que le digamos, por muy consoladora que sea, no va a ser de su agrado. Mi hija mayor cuando está frustrada siempre busca que la abracen, pero muchas veces cuando le digo que se calme, me grita «¡No me quiero calmar!». Cuando eso ocurre, la sigo abrazando en silencio. ¿Nunca les ha pasado que a veces solo quieren compañía?

Para saber si nuestro hijo necesita que tomemos cierta distancia o nos quedemos en silencio, es preciso estar sintonizados con su estado mental. De necesitarlo, se le debe hacer un pequeño reflejo y darle el espacio que precisa para calmarse: «Sé que tienes mucha tristeza, me voy a quedar contigo aquí hasta que se te pase» o «Parece que necesitas estar solo un ratito, me voy a quedar por aquí cerca por si me necesitas».

A veces, quedarnos en silencio no es fácil. Uno tiende al consuelo, al abrazo, y cuando nuestro hijo lo rechaza nos sentimos mal. Nos produce tristeza. Nos puede incluso dar rabia. Por eso es tan importante entender que el espacio es una necesidad y no un rechazo.

Reflexión guiada

Las situaciones de estrés o los conflictos son excelentes oportunidades para aprender habilidades y de nosotros mismos. Por lo mismo, cuando el niño está lo suficientemente tranquilo para hablar, recomiendo (si se puede) aprovechar la experiencia para ayudarlo a entender qué pasó, conocerse a sí mismo o desarrollar alguna habilidad.

Para que la experiencia se convierta en un aprendizaje consciente, se le debe ayudar al niño a reflexionar acerca de lo que pasó a través de preguntas, explicaciones o comentarios. A esta edad, por desarrollo evolutivo, los niños no logran reflexionar por su cuenta porque requieren de un grado de abstracción que aún no tienen, pero con la ayuda de nosotros lo pueden hacer. De ahí entonces el nombre de «reflexión guiada».

Dentro de los aprendizajes más comunes están los siguientes:

• Conocerse a sí mismo: Para regular nuestras emociones y desenvolvernos en la vida, necesitamos conocernos: saber que uno siente las emociones de manera intensa, que dormir poco nos pone irritables o que nos cuesta adaptarnos a situaciones nuevas. Por esta razón es muy importante que los niños desde pequeños aprendan y entiendan sus características de temperamento («lo que pasa es que tú sientes las emociones de manera muy intensa») o cómo sus estados fisiológicos influyen en los emocionales («cuando tienes sueño te pones sensible»). Para un niño, saber y entender por qué reacciona o se siente de una determinada manera puede ser muy aliviador. Recuerdo un paciente que cuando entendió que él necesitaba más tiempo que otros niños para adaptarse a una situación (integrarse en un cumpleaños o empatizar con un profesor nuevo), así como otros niños necesitan usar gafas para ver mejor, dejó de sentirse como un bicho raro. Y lo mejor para que un niño aprenda de sí mismo es la experiencia.

• Resolver un conflicto: Muchas veces, cuando ayudamos a nuestros hijos a regular sus emociones, además debemos afrontar o resolver una situación que los acongoja. A veces son situaciones sencillas, como que no les quieren prestar un juguete. Pero otras son más complejas, como no querer ir al colegio el primer día de clases: «Sofía, ahora que estás tranquila, hablemos. No existe la opción de no ir al colegio. ¿Cómo lo podemos hacer entonces para que te sientas lo más tranquila posible?».

• Aprender a satisfacer una necesidad: Con frecuencia, cuando una necesidad está insatisfecha (de cariño o de ayuda) los niños se ofuscan sin manifestar lo que necesitan. Entonces, cuando se les ayuda a regularse y salir de ese estado, es importante enseñarles que cuando uno necesita algo es mejor pedirlo directamente que ofuscarnos y esperar que los otros adivinen lo que nos pasa: «También quiero me abraces» o «Necesito que me ayudes armar las torres».

• Aprender estrategias de regulación: Las situaciones de estrés son excelentes espacios para aprender estrategias de regulación emocional (expresión, control y calma). Por ejemplo, se les puede preguntar de qué forma podría gestionar en el futuro una determinada emoción. «¿Qué podrías hacer la próxima vez que sientas muchos celos para no pegarle a tu hermana?» o «¿Cómo podrías sacar tu rabia sin hacerte daño?». Cuando a los niños no se les ocurre, se les debe incentivar a pensar, y si no se les ocurre nada, se les debe dar ideas.

También se les puede enseñar lo que uno necesita cuando siente una determinada emoción. «Cuando uno tiene tristeza sirve mucho llorar» o «Cuando uno está muy enfadado a veces sirve quedarnos en silencio hasta que se nos pase un poquito». «¿Te diste cuenta de que respirando lograste tranquilizarte? Respirar lenta y profundamente cuando estás nerviosa a ti te hace muy bien».

Es importante mencionar que este paso solo se puede dar cuando el niño está lo suficientemente tranquilo como para recibir con apertura lo que le queremos decir. Por lo mismo, no siempre se debe hacer inmediatamente después de que el niño se calma, pero ojalá no más allá de 30 minutos, ya que para que el aprendizaje sea efectivo este debe ser cercano a la experiencia.

Se aconseja que el mensaje sea simple y corto. El niño preescolar tiene poca capacidad de atención y a los pocos segundos está pensando en otra cosa (aunque nos siga mirando). El mensaje también debe ser concreto. Debe tener sentido para él, no para nosotros.

Reforzar

El último paso consiste en reforzar cualquier conducta positiva que haya tenido el niño durante el proceso de regulación para que la vuelva a hacer y para empoderarlo. «Me di cuenta de que de repente estuviste a punto de tirar los juguetes, pero lograste controlarte. ¡Qué bien! Cuéntame lo que hiciste para controlarte», «Qué bien que me contaste lo que te pasaba porque lo pudimos resolver».

Diagrama de regulación emocional en acción

En los siguientes ejemplos se muestra el diagrama de regulación en acción: la aplicación de los distintos pasos y técnicas a través de ejemplos concretos y cotidianos. En cada uno de los ejemplos se regula una emoción distinta.

Como vimos a lo largo del capítulo que los niños no siempre expresan lo que les pasa de manera directa, veremos ejemplos de emociones expresadas de manera directa y emociones expresadas de manera indirecta.

Miedo expresado directamente

Camila, de tres años y medio, está a punto de incorporarse al colegio. Se despertó y llegó contenta al colegio, pero en el minuto en que debía separarse de sus papás y entrar a la clase, comenzó a llorar. Si bien Camila en general no tiene mayores problemas para afrontar situaciones novedosas, es muy sensible, por lo que siente de manera muy intensa sus emociones. Su padre la cogió en brazos y se alejaron del tumulto y de la puerta por la que debía entrar (técnica de regulación: cambiar de ambiente). Cuando ya se habían alejado, la dejaron llorar un ratito (expresión) y su padre le dijo: «Sé que estás muy nerviosa (reflejo), pero trata de calmarte para que podamos hablar». Le dio un besito y la soltó. Su madre se puso frente a ella y le dijo: «Mi amor, vamos a respirar para que te puedas calmar. Respira conmigo (técnica de regulación: respirar)». Cuando Camila estaba lo suficientemente tranquila, se produjo el siguiente diálogo con su madre:

Madre: «Sé que estás muy nerviosa» (reflejo).
Camila: «Sí, me quiero ir a casa».
Madre: «Lo sé, mi amor, pero no podemos irnos a casa. Tienes que entrar a la clase a jugar un ratito con las profesoras».
Camila: «No quiero» (Camila vuelve a llorar, su madre la abraza y la tranquiliza otra vez).
Madre: «Sé cómo te sientes. Y es normal que estés nerviosa porque no conoces a las profesoras (reflexión guiada: conociendo la emoción). Pero tienes que entrar. ¿Qué podemos hacer entonces para que estés más tranquila?» (reflexión guiada: resolver conflicto/ayudando a enfrentar situación).
Camila: «No sé...».
Madre: «¿Te parece si te presto algo mío para que te sientas acompañada?» (reflexión guiada: resolver un conflicto/ayudando a enfrentar situación).
Camila: «Bueno, pero el papá también».
Madre: «Está bien».
Finalmente, la madre le prestó sus pendientes y el padre su llavero. Le dieron un fuerte abrazo y le dijeron que estaban muy orgullosos de ella (refuerzo). Camila entró a la clase.

Tristeza expresada directamente

Gabriel tiene cinco años y sus padres se separaron hace uno. Llega de la visita del padre y comienza a llorar. Su madre lo abraza y le dice al oído: «Sé que te da mucha tristeza cuando papá se va, especialmente cuando has estado el fin de semana con él» (reflejo). Gabriel la suelta y le dice: «Es que me da mucha tristeza que viva en otra casa» (expresión). Su madre le contesta: «Lo sé, mi amor» (valida). Gabriel vuelve a abrazar a su madre y sigue llorando un rato (permitir y facilitar expresión). A su madre le entristece ver a su hijo así, por lo que se preocupa de respirar y mantenerse tranquila (regularse uno). Lo suelta y le dice: «¿Qué te parece si le haces un dibujo a papá para que sepa cuánto lo quieres, le sacamos una foto y se lo mandamos al móvil?» (expresión). Gabriel se seca las lágrimas y con un puchero asiente. A medida que va dibujando, se tranquiliza. Cuando termina su dibujo está contento y lo único que quiere es mandárselo a su papá. Una vez enviado el dibujo, se da el siguiente diálogo:

> Madre: «Por tu carita veo que ya te sientes mejor» (reflejo). Gabriel: «Sí» (sonríe).
> Madre: «Qué bien. Cuando uno está triste porque echa de menos a alguien, sirve de mucho hacer algo que le demuestre a esa persona cuánto la queremos. Veo que te sirvió de mucho, ¿te diste cuenta?» (reflexión guiada: aprender estrategias de regulación).
> Gabriel: «¡Sí, mucho!».
> Madre: «Bueno, ya sabes qué hacer cuando eches de menos a alguien».

Tristeza encubierta

Un día fui a buscar a mi hija mayor al colegio. En el coche estaba callada. Le pregunté si le pasaba algo y me dijo que no.

Al llegar a casa se puso a llorar porque había una comida que no le gustaba. Independientemente de que venía con hambre, no suele llorar por estas cosas, por lo que pensé que quizá había algo detrás. Primero la ayudé a calmarse. Le dije: «Cálmate para que podamos hablar» y la abracé (estrategia de regulación). Cuando estaba lo suficientemente tranquila y resolvimos el ítem comida, le dije: «Cami, normalmente no lloras por estas cosas, estás más sensible. Te veo triste (reflejo)... Algo te tiene que haber pasado en el colegio. Cuéntame porque si no esa penita se va a quedar atrapada en tu corazón y eso no es bueno (facilitar la expresión)». Entonces me dijo: «Es que hoy nadie quiso jugar conmigo» y se puso a llorar. A mí también me puso triste, así que respiré para poder transmitirle la calma que necesitaba en ese momento (regularse uno) y le dije: «Cami, mi amor, me imagino cómo te debes haber sentido (valido)». Luego la abracé y la dejé llorar (expresión de la emoción/estrategia de calma). Al rato se calmó y vimos lo que había pasado y qué podía hacer la próxima vez que le pasara (reflexión guiada).

Rabia expresada directamente

Felipe va a cumplir los cinco años. Dentro de sus características se encuentra una alta intensidad emocional (especialmente con la rabia) y baja adaptabilidad.

Hace una semana se cambiaron de casa. Felipe estaba jugando en su habitación y de pronto su madre oyó gritos y ruidos y lo fue a ver: estaba tratando de armar un fuerte con sus legos y como no le salía lo que quería hacer, le dio mucha rabia y tiró todos los juguetes de la repisa al suelo. Su madre, al ver esta escena, también se irritó, porque había ordenado los juguetes y estaba cansada y estresada con el cambio de casa, y vio todo desordenado. Antes de hablarle, respiró hondo y cerró los ojos. Cuando se sintió tranquila, le dijo: «Sé que tienes rabia (reflejo), pero no por eso puedes tirar los juguetes al suelo (establecer límite)». Felipe la miró y le empezó a dar patadas a los juguetes en el suelo. Su madre entonces dijo con un tono fuerte y firme: «¡Basta!» (establecer límite) y se acercó a él y le cogió sus manos (contención física) y le dijo: «Trata de calmarte». Se dio cuenta de que antes de seguir hablando, su hijo necesitaba un par de minutos para calmarse (espacio). Poco después se produjo el siguiente diálogo:

Madre: «Felipe, cuéntame por qué te dio tanta rabia» (reflejo).

Felipe: «No me salió mi fuerte».

Madre: «Lo entiendo, a mí también me da rabia cuando las cosas no me salen bien (valido), pero no porque tengas rabia vas a tirar tus juguetes» (reflexión guiada: estrategia de regulación).

Felipe: (Asiente y luego fija su mirada en el suelo).

Madre: (Le levanta la carita para retomar el contacto visual). «Sé que te sientes mal por lo que pasó (reflejo). A veces, cuando uno tiene mucha rabia se descontrola (reflexión guiada: aprender de lo sucedido). Ahora, ayúdame a ordenar los juguetes».

(Mientras ordenan los juguetes).

Madre: «Sé que te cuestan los cambios y que te ha costado estar en una casa nueva (reflexión guiada: conocerse a sí mismo), quizá por eso estás más sensible. ¿Qué puedes hacer la próxima vez que tengas rabia para no volver a tirar los juguetes?» (reflexión guiada: aprender estrategia de regulación).

Felipe: «Puedo pegarle a la almohada».

Madre: «Me parece una buena idea».

Consideraciones finales

Evolución del diagrama: Cuando lleven un tiempo aplicando el diagrama de regulación, verán que este proceso —que en un principio puede ser incierto— va tomando forma. Tanto ustedes como sus hijos irán encontrando un ritmo. Y puede que ellos mismos los guíen y les digan «quiero que me ayudes a respirar» o «necesito un abrazo».

Esta evolución refleja que el niño ha internalizado que cuenta con ustedes en momentos de estrés y cómo ha ido aprendiendo lo que le pasa o lo que necesita en un momento dado.

No siempre tenemos tiempo: Hay veces en que ayudar a un niño a regular sus emociones ocupa poco tiempo (recordemos que no siempre es necesario hacer todos los pasos del diagrama de regulación, que más que pasos son herramientas para usar en una situación determinada). Pero hay otras veces en que lleva tiempo hacerlo y no siempre disponemos de este para ello. Lo digo porque soy mamá, porque a mí me ha pasado miles de veces. ¡La idea es que traten de hacerlo lo que más puedan! Y cuando no puedan, sean lo más contenedores posibles y reparen si es necesario.

Emociones del yo: Tras la marcha y toma de conciencia del yo, los niños comienzan a sentir lo que se llaman «emociones autoconscientes» o «emociones del yo». Estas son la culpa, la vergüenza y el orgullo. Dado que son emociones nuevas, la culpa y la vergüenza tienden a estresar bastante a los preescolares. Por lo que es muy importante ayudarlos a conocer lo que están sintiendo y a regularse. Hago esta aclaración porque en general a los papás les preocupa (y por tanto atienden) la rabia, la tristeza y el susto. Y emociones como la culpa y la vergüenza suelen ser poco visualizadas o valoradas, y en esta etapa son muy importantes en cuanto a desarrollo socioemocional y cerebral.[15]

Resumen del capítulo 3

La regulación emocional es una de las habilidades más importantes en el desarrollo y bienestar de una persona. La etapa preescolar constituye un periodo sensible en su desarrollo, por lo que es muy importante ayudar a los niños a aprender a regular sus emociones.

Como hemos visto, las fuentes de aprendizaje más importantes son nuestro ejemplo y lo que hacemos cuando los niños tienen una emoción en curso.

El diagrama de regulación emocional entrega las herramientas necesarias para ayudar a un niño a regular lo que siente en un momento determinado y aprender de la experiencia.

Los pasos del diagrama de regulación son: regularse uno, sintonizar con el estado mental del niño, reflejar y validar, facilitar la expresión adaptativa, ayudar a calmar, reflexión guiada y reforzar.

---

[15] D. Siegel, *op. cit.*

4

Pataletas

Todo lo que tienes que saber acerca de las pataletas

Las pataletas, conocidas también como berrinches, son una expresión desregulada de la frustración. Con frecuencia, esta emoción puede ir acompañada de otra, como la tristeza o la vergüenza. Por ejemplo, si un niño hace una pataleta porque no le salió su torre, probablemente solo sienta frustración. Pero si le quitan su canasto con huevos de pascua, quizá sienta una mezcla de tristeza y frustración.

En la etapa preescolar, los niños tienen que aprender que no pueden hacer ni tener todo lo que quieren. Esto les genera mucha rabia y frustración. Debido a que las estructuras cerebrales encargadas de la regulación emocional voluntaria a esta edad están desarrollándose, este malestar lo sienten de manera muy intensa y les cuesta mucho tranquilizarse. Por esta razón, tienden a externalizar lo que sienten, expresándolo de manera corporal y descontrolada.

Cada niño tiene una forma personal de hacer pataletas. La clásica es tirarse al suelo y llorar desconsoladamente golpeando el suelo con los pies. Es la imagen que viene a la mente cuando uno escucha la palabra «pataleta». Pero en mis años de experiencia he visto muchas expresiones distintas. Niños que se desnudan, que se ponen a correr o golpean. La más graciosa, sin duda, era un niño que cuando la mamá no estaba la llamaba al móvil y se las dejaba guardadas en el buzón de voz.

Las pataletas se consideran parte del desarrollo vital de un niño. Esto quiere decir que son normales y necesarias. Hay ciertos aprendizajes que requieren de un conflicto para emerger. Por ejemplo, en la adolescencia, tiene que haber una crisis de identidad para descubrir quién es uno. De la misma forma, en la etapa preescolar, debe haber una disputa entre lo que se quiere hacer y lo que se puede hacer. Las pataletas, y la adecuada gestión de estas por parte del cuidador, permiten que los niños conquisten poco a poco su independencia, iniciativa y seguridad, sin que ello signifique consentirles todo o que siempre se haga lo que ellos quieren.

Este aprendizaje de autonomía y respeto por las normas y otros, establece una base adecuada para la etapa escolar, en la cual cambian las exigencias del medio y las relaciones sociales. Por lo tanto, que un niño nunca en su vida haya hecho al menos una pataleta, podría ser igual de alarmante a que las haga en exceso.

Por lo general, los niños comienzan a hacer pataletas alrededor del año y medio y dejan de hacerlas hacia los seis, con un pico entre los dos y los tres años. Existen algunos niños precoces que comienzan poco tiempo después de haber adquirido la marcha. Pero, si bien existen niños precoces, no existen niños tardíos. No es normal que un niño comience a hacer por primera vez pataletas después de los cinco años. Si lo hace, se debe a algún motivo (está pasando por un momento emocionalmente difícil, se saltó la etapa de las pataletas, etc.). Se ha visto que estos rangos pueden variar en función de factores biológicos (como el temperamento), situacionales (como la llegada de un hermano) y de crianza (estilo de apego o la forma en que los padres gestionan las pataletas).

Dada la importancia de estos factores, veremos el impacto e influencia de cada uno por separado.

Temperamento y pataletas

Dentro de los factores biológicos más importantes se encuentra el temperamento. En palabras sencillas, el temperamento es un conjunto de características biológicas con las que nacemos, que determinan de manera significativa cómo experimentamos el mundo y, por lo tanto, cómo nos aproximamos a él. Por ejemplo, un niño con temperamento irritable se frustra con mayor facilidad y con mayor intensidad que un niño con temperamento más tranquilo. Por lo tanto, lo más probable es que el niño que tiene un temperamento irritable sea más propenso a hacer pataletas y le cueste más calmarse que el niño que tiene un temperamento más tranquilo. Es probable, también, que a los padres del niño con temperamento más irritable les cueste más gestionar las pataletas.

Los padres vivencian estas diferencias cuando tienen más de dos hijos. Recuerdo un caso que ejemplifica esta situación. Roxana tiene dos hijos, uno de ocho años y otra de tres. Las estrategias que utilizó para gestionar las pataletas de su primer hijo le dieron un resultado perfecto, por lo que también las aplicó con su hija menor. Lo que nunca pensó fue que estas, en vez de disminuir las pataletas, las aumentaron. Y cuando el panorama se hizo insostenible, decidió consultar. Tras evaluar lo que ocurría, me di cuenta de que las estrategias que estaba utilizando no eran las más adecuadas: con su hijo mayor habían sido efectivas porque a diferencia de su hija menor este tenía un temperamento muy tranquilo.

El temperamento puede influir en la intensidad y frecuencia de las pataletas. Y, asimismo, en la facilidad para recuperar la calma (en el caso del niño) y la facilidad para gestionar las pataletas (en el caso de los padres).

Factores situacionales y pataletas

Por «factor situacional» vamos a entender cualquier evento o situación estresante que puede ocurrir en la vida de un niño preescolar. Por ejemplo, la llegada de un hermano, el cambio de casa, la muerte de un familiar, la separación de los padres, la partida de un cuidador importante (niñera), la incorporación al colegio, hospitalizaciones, etc.

Cuando se da alguno de estos eventos (u otros), es probable que el periodo de pataletas se prolongue más de lo esperado o sea más intenso de lo que hubiese sido si no hubiese pasado nada. Esto se debe a que los niños, al igual que un adulto, se estresan, les cuesta más regularse y sus niveles de tolerancia disminuyen. Esto puede ocurrir especialmente si, por temperamento, el niño es reticente a lo novedoso, de difícil adaptación, intenso o irregular.

Crianza y pataletas

En cuanto a los factores de crianza, el más importante es la gestión que los padres hacen de las pataletas, a lo que llamaremos, de ahora en adelante, «manejo parental».

Al igual que el temperamento, el manejo parental puede influir de manera positiva o negativa en la intensidad y frecuencia de las pataletas, como en la facilidad o dificultad para calmarse.

Cuando el manejo parental es adecuado, a los niños les resulta más fácil aceptar que les establezcan límites, resolver su crisis normativa y aprender a regular sus emociones y formas más adaptativas de expresarse y resolver conflictos. Con el tiempo, esto permite que la intensidad y la frecuencia de las paletas vayan disminuyendo, hasta desaparecer casi por completo.

Cuando el manejo es adecuado, el tiempo que dura el periodo de las paletas depende finalmente de las características personales (especialmente del temperamento) y/o de factores situacionales. A un niño con temperamento irritable le va a llevar más tiempo aprender a regularse que a un niño con un temperamento más tranquilo. Lo mismo para los factores situacionales. Si a un niño de tres años le llega un hermano o se le separan sus padres, el periodo de paletas podría durar más de lo que hubiese durado si no hubiesen ocurrido tales eventos.

Es importante tener esto presente, ya que existe la tendencia de culpabilizar a los padres por todo lo que le pasa o hace su hijo. Si en la guardería hace paletas, inmediatamente las educadoras piensan que los padres no le dedican tiempo o no le establecen límites. Cuando en verdad ese niño puede tener muy buenos padres (cariños, dedicados, sensibles) y las paletas simplemente las hace porque por su temperamento le cuesta más que a otros niños tolerar la frustración.

Cuando el manejo parental no es adecuado, en el peor de los casos pueden ocurrir dos cosas: o el niño nunca aprende a regularse (y, por tanto, a dejar de hacer paletas), o el niño aprende a sobrerregularse (y, por tanto, a no expresar lo que le pasa). Cualquiera de estos dos extremos (desregulación/sobrerregulación) es dañino para el desarrollo socioemocional que buscamos.

En el primer extremo, porque no podemos esperar que un niño aprenda a regularse si nadie le ha enseñado. Entonces tenemos niños que se desregulan ante la mínima frustración, que no son capaces de aceptar un «no» como respuesta y/o de resolver de manera adecuada un conflicto. El periodo de paletas en estos niños se prolonga más de lo habitual, y, en algunos casos, puede incluso no acabar. Nunca voy a olvidar a una adolescente de 18 años que cuando su papá le decía que no podía salir o comprarse ropa, iba a hacerle una pataleta a la oficina. Delante de todos sus colegas se tiraba al suelo, gritaba y lloraba. Y cuando haciendo esto no conseguía lo que quería, iba a su casa y le rompía algo valioso.

En el otro extremo, tenemos los niños que se sobrerregulan. Estos niños aprendieron (directa o indirectamente) que no es aceptable sentir y/o expresar emociones desagradables. En especial, la rabia y la frustración. Entonces dejaron de hacer pataletas (si es que las alcanzaron a hacer), pero con el coste de inhibir su mundo emocional. Y en los casos más graves, hasta bloquearlo.

¿Qué es lo que determina cuán adecuado es el manejo parental?

En el primer capítulo vimos que el criterio más importante para determinar cuán adecuado es el manejo parental, no es la efectividad, sino la promoción de desarrollo socioemocional sano. Por ejemplo, darle una ducha fría a un niño cada vez que hace pataletas puede ser efectivo, pero no por eso adecuado. «Efectivo» porque el niño va a dejar de hacerlas, pero «inadecuado» porque además de ser un acto violento, daña la relación que tiene con su cuidador y no le enseña a regular sus emociones.

Tampoco se considera adecuado no hacer nada. Recordemos que «buen trato» no es ausencia de malos tratos, sino promoción de bienestar.

En función de esto, para gestionar de manera adecuada las pataletas, no solo debemos buscar que el niño deje de hacerlas, sino que aprenda a regular sus emociones y formas más adaptativas de expresarse y resolver conflictos (adecuado desarrollo socioemocional). Esto, en función de las características del niño y del contexto, puede tardar. Aprender a tolerar la frustración, regular las emociones y la conducta, requiere de mucha práctica y madurez cerebral. Lo importante es que los padres en el proceso sepan que están haciendo las cosas bien y entiendan el norte y el sentido de lo que hacen.

¿Por qué es tan importante el manejo parental?

Hemos reiterado a lo largo del libro que las estructuras cerebrales encargadas de la regulación emocional y conductual necesitan de la experiencia para desarrollarse y que esta experiencia se la brinda el ambiente. Por lo tanto, cuanto mejor sea el manejo parental de las pataletas, mejor será el desarrollo cerebral del niño.

La pataleta se considera una **situación de estrés** tanto para el padre como para el niño. Aunque no lo crean, el niño no lo pasa bien haciendo una pataleta. Todo lo contrario, le resulta tremendamente angustiante sentir emociones tan fuertes y la sensación interna de descontrol y desorganización. Cuando los niños están estresados, necesitan mantenerse conectados y que les ayudemos a calmarse. Y que cada vez que hacemos esto, les enseñamos estrategias de regulación emocional (por ejemplo, la rabia se puede calmar cambiando el foco de atención o respirando lenta y profundamente).

El manejo parental es tan importante que además de todo esto, puede contener o disminuir el efecto de tendencias temperamentales. Si un niño es temperamentalmente intenso, pero tiene cuidadores que lo gestionan bien cuando hace pataletas, además de aprender a regular sus emociones podría, incluso, disminuir la intensidad con la que siente la rabia. Tal como mencionamos en su momento, cuando el ambiente le brinda a un niño la ayuda que necesita para entender y aprender a gestionar sus disposiciones temperamentales, creamos nuevos caminos en el cerebro y, como resultado, nuevas formas de responder y funcionar.

Dado que la etapa preescolar se considera uno de los momentos más importantes para aprender a regularse, lo que hacemos o dejamos de hacer cuando nuestros niños hacen pataletas es de suma importancia.

Apego y pataletas

En el primer capítulo vimos que los niños cuando están estresados necesitan que sus cuidadores les ayuden a recuperar la calma. Al principio, a través de la regulación de estados más fisiológicos (como el hambre, el sueño y el frío), y en la medida en que el niño va creciendo, a través de la regulación de sus estados emocionales y conductuales.

Dado que las pataletas se consideran una situación de estrés, si lo que buscamos es promover apego seguro, debemos ayudar a nuestros niños a regularse y a recuperar la calma. Por lo tanto, las pataletas se deben gestionar bajo los principios de apego seguro.

Gestión de las pataletas

Teniendo siempre presente los principios de apego seguro, propongo dos niveles de gestión: preventivo e in situ. La idea es prevenir el máximo de pataletas que no son necesarias (y de esta forma generar condiciones óptimas de regulación) y regular aquellas que no se pueden evitar.

Antes de que veamos en detalle cada uno de estos niveles, quisiera detenerme en una estrategia que, a pesar de que se ha comprobado que es dañina para el vínculo y desarrollo de los niños, por alguna razón se sigue usando y recomendando (por familiares, amigos y profesionales). Entender por qué esta técnica no es adecuada nos va a permitir derribar algunos mitos y creencias en relación a la gestión de las pataletas, además de facilitar el aprendizaje y entendimiento de lo que sí se debe hacer.

La técnica de no prestar atención

Existen distintas formas de no prestarle atención a un niño cuando está haciendo una pataletas: mirar para otro lado, mandarlo/encerrarlo en su habitación, hacer que no existe, hacerle la *ley del hielo*, en fin… cualquier cosa que le deje claro que no es aceptable lo que está haciendo y que mientras lo siga haciendo, no lo vamos a tener en cuenta.

La filosofía que hay detrás de esta técnica milenaria es que no hay que prestarle atención al niño cuando está haciendo una pataleta para no reforzarla. No ve la pataleta como una situación de estrés, sino como un conducta manipulatoria que hay que castigar, rechazar o extinguir. Esta forma de ver las cosas tiene sus raíces en el conductismo, corriente que lideró el mundo de la psicología en los años cincuenta y sesenta.

La verdad es que con algunos niños es bastante efectiva, razón por la cual hoy se sigue recomendando, pero en los últimos años algunos estudios han demostrado que tiene efectos negativos a corto y largo plazo, tanto en el desarrollo socioemocional de un niño como en la relación que mantiene con sus padres. Yo no la recomiendo por las siguientes razones:

• La efectividad de esta técnica depende mucho del temperamento que tenga el niño. Cuando el temperamento del niño es relativamente tranquilo, resulta de maravilla. Pero cuando el temperamento es más bien irritable, ¡se ha visto que puede incluso aumentar las pataletas! Con frecuencia quedan enfadados, se vengan con alguna travesura, quedan malhumorados y/o con menos tolerancia a frustraciones futuras.

• Tiene como objetivo extinguir la pataleta, pero no que los niños aprendan a gestionar sus emociones y formas más adaptativas de resolver conflictos. Al igual que otras técnicas, solo busca que el niño deje de hacer pataletas. No importa si es contraproducente o no con su desarrollo socioemocional. Muchos padres me han cuestionado que esta técnica sea buena, porque después, cuando su hijo se calma, se acercan y hablan de cómo debería haber actuado o cómo podría actuar en situaciones futuras, pero en el capítulo anterior vimos que más que las palabras importa la regulación y nuestro ejemplo. Cuando no atendemos al niño, el mensaje que queda impregnado en su cerebro y corazón es que no cuenta con nosotros cuando más lo necesita, y que si quiere retomar el contacto, no puede expresar su malestar.

• Se corre el riesgo de que los niños no solo aprendan que la pataleta es inadecuada, sino también lo que sienten. La idea es rechazar la forma en que se están expresando, no lo que sienten. Este mensaje no queda claro cuando se emplea esta técnica, por lo que los niños tienden a asumir que sentir emociones como la rabia y la tristeza es malo: «Si expreso mi rabia me dejan de querer», «Sentir rabia es angustiante».

• Se daña el vínculo y la calidad del apego. Cuando no le prestamos atención a un niño que está haciendo una pataleta, directa o indirectamente le transmitimos la idea de que si expresa su rabia, pierde la sintonía y el contacto en la relación con uno. En otras palabras, «Todo está bien mientras no expreses tu rabia», «Si expresas tu rabia, hasta aquí hemos llegado», «Si quieres que vuelva a estar disponible debes callarte». Esto es justo lo opuesto a lo que promulga el apego seguro.

• Promueve el desarrollo de dificultades para regular las emociones. Como vimos en el primer capítulo, los niños, con tal de no perder la conexión con su cuidador, aprenden a no expresar sus tristezas y sus rabias. En algunos casos, incluso a no contactarse con las emociones más desagradables. Resultado: tenemos niños que rápidamente dejan de hacer pataletas, pero que son incapaces de establecer límites, enfadarse y/o gestionar de manera adecuada la rabia (se sobrecontrolan, pasan del sobrecontrol al descontrol, somatizan, etc.). Hoy esto constituye un riesgo frente a la posibilidad de relaciones de maltrato, como el bullying y el abuso sexual.

Por todo lo anterior, podemos ver que la técnica de no prestar atención a un niño cuando está haciendo una pataleta, no es la forma más adecuada de gestionar las pataletas. Veamos, entonces, cuál es la correcta.

Primer nivel de gestión: prevenir pataletas innecesarias

Del latín *praeventio*, la «prevención» es preparación y disposición para evitar un riesgo o ejecutar una cosa. Implica anticiparse y prepararse con lo necesario para lograr un fin. Nuestro fin aquí es que los niños hagan las menos pataletas posibles. Ya iremos entendiendo por qué.

El objetivo es anticiparnos a posibles situaciones de estrés, para así poder desplegar estrategias y técnicas que eviten que el niño se frustre o que favorezcan la regulación. Veamos un ejemplo:

> Cony, de tres años, se vuelve muy irritable cuando no duerme la siesta después de comer. Cuando esto ocurre, sus niveles de tolerancia disminuyen y tiende a hacer pataletas ante la mínima frustración. Es por esto que su madre se preocupa de que duerma bien, y le cierra las cortinas y silencia la casa.

Esta es una forma de prevenir pataletas. Se sabe que si un preescolar pequeño duerme las horas que debe dormir (noche y siesta), disminuye significativamente la posibilidad de que haga pataletas por cosas pequeñas en lo que resta del día. Su descanso le permite enfrentar mejor las pequeñas frustraciones que se le van presentando.

El lema de este nivel es «menos es más»: cuantas menos pataletas haga un niño, más fácil es regularlo. El secreto está en que esto genera condiciones, tanto en el niño como en sus padres, que favorecen la regulación de aquellas pataletas que no se pueden evitar. Veamos por qué:

Cuantas menos pataletas hagan los niños, mayor será nuestra tolerancia, tranquilidad y energía para regularlos en situaciones de estrés. Es una realidad que las pataletas desgastan. Resulta agotador solo imaginarnos un día lleno frustraciones, patadas, gritos y llantos. Seguro que podemos regular y gestionar bien las primeras tres o cuatro... pero la quinta, sexta, séptima, octava, novena, ya no.

Junto con lo anterior, cuando un niño hace muchas pataletas se cansa y se frustra con mayor facilidad. La sensación del niño es que ha estado todo el día gritando y llorando para conseguir lo que quiere y que nadie lo escucha. Al final del día todo le molesta y resulta casi imposible regularlo. Pongámonos por un momento en su lugar. Cuando tenemos muchas frustraciones en un mismo día, nuestra paciencia disminuye y al final explotamos por cualquier cosa. Si esto nos ocurre a nosotros (que tenemos un sistema nervioso maduro y no tenemos necesidades ni de control ni de autonomía), ¡imagínense a un niño!

Es importante aclarar que «prevenir» no significa darle gusto o no exponerlos nunca a una frustración. Significa anticipar posibles pataletas y desplegar estrategias regulatorias para evitar frustración o estrés innecesario. A esto lo llamo **evitar inteligente**.

> **Ejemplo de darle gusto:** Martín, de dos años, se niega a comer. Quiere que su mamá le dé una bolsa de patatas fritas. Cuando su madre le dice que no, que tiene que comerse su comida, Martín se echa a llorar. Su madre está cansada y para evitar que el llanto se convierta en pataleta, termina dándole la bolsa de patatas fritas.

> **Ejemplo de evitar inteligente:** Carlita, de tres años, siempre hace pataletas cuando va con sus padres a un restaurante. En consecuencia, sus padres se preocupan de que duerma bien antes de salir, le llevan cuadernos y lápices para que no se aburra y evitan hacer sobremesa. Con estas estrategias la ayudan a tolerar mejor la situación, evitando de esta forma que haga pataletas.

En la primera situación, efectivamente se evitó que Martín hiciera una pataleta, pero de manera inadecuada. Veamos por qué:

- Se le reforzó que el llanto es una estrategia adecuada y efectiva para conseguir lo que quiere.
- Se perdió un espacio para enseñarle que uno no siempre puede hacer o tener lo que quiere.
- Se perdió un espacio para enseñarle con cariño a regular su frustración.
- Indirectamente, se le da a entender que puede hacer lo que quiere. Esto, en lo inmediato, resulta divertido y placentero, pero a la larga tremendamente angustiante. Les aseguro que un niño de dos años necesita sentir que sus padres tienen el control de las situaciones y no él. Se puede frustrar en el momento en que le establecen límites, pero después se siente contenido y seguro.
- Por último, se perdió el espacio de que se alimente nutritivamente.

En la segunda situación, se evitó de manera estratégica y sana que Carlita hiciera pataletas. Junto con esto, se ganaron otros aspectos positivos:

- Carlita comenzará a considerar los restaurantes como un lugar ameno, hasta entretenido. Si hiciera pataletas cada vez que fuera a uno, su disposición sería estar irritada desde el inicio (probablemente, sentarla en la silla sería ya un problema).
- Carlita siente que sus padres conocen sus necesidades. Esto la hace sentirse importante, visualizada y contenida.
- Seguro que los padres de Carlita se sintieron eficientes y buenos padres. Esta sensación constituye, por un lado, un motor de motivación para afrontar otras situaciones y, por otro, un colchón que amortigua la sensación de fracaso cuando se equivocan o no logran lo que querían.
- Finalmente, y no menos importante, los padres no dejan de hacer algo que disfrutan mucho (autocuidado).

Existen distintas formas de evitar inteligentemente una pataleta. Propongo doce estrategias: regulación fisiológica, adecuación contextual, elección estratégica de la batalla, uso del humor, uso del juego, negociación y uso de alternativas, ajuste de expectativas, asociación de algo positivo, sí aceptable, reflejo genuino, cambio del foco de atención y adecuada regulación conductual.

Regulación fisiológica: La regulación fisiológica consiste en la regulación de los estados corporales, como el hambre, el sueño y/o el cansancio. A todos nos ha pasado alguna vez que, cuando alguna de estas necesidades está insatisfecha, los niveles de tolerancia a la frustración disminuyen y lo que normalmente toleramos, se vuelve irritante e insoportable.

El impacto de la desregulación fisiológica es mayor en niños que en adultos, debido a que su sistema nervioso es inmaduro y, por tanto, depende en mayor magnitud de los estados corporales. Creo que todos hemos sido testigos alguna vez de que un niño con sueño o con hambre se vuelve «irritable» y la «rabia» llama a las pataletas.

La forma más importante de lograr esto es a través de una rutina estable que regule de manera externa los ritmos biológicos de los niños y satisfaga ordenadamente sus necesidades fisiológicas. En el próximo capítulo veremos cómo debe ser una rutina para cumplir con estos propósitos.

En lo que se refiere a las pataletas, las necesidades fisiológicas más importantes a regular son el sueño y la alimentación. La mayoría de los niños que veo en la consulta por pataletas de difícil control no cuentan con horarios estables y adecuados que garanticen un buen descanso. Duermen siesta a distintas horas o solo cuando quieren. Se acuestan tarde porque se quedan viendo la televisión o porque duermen con sus padres y los esperan para irse a dormir. El resultado de esto es que no duermen todo lo que tienen que dormir y al día siguiente se despiertan cansados e irritables y van de pataleta en pataleta.

En su libro *Niños con pataleta, adolescentes desafiantes*,[16] Amanda Céspedes señala que las rutinas, además de tener horarios estables, deben tener hábitos de alimentación saludable. Dice que las golosinas, la comida basura y las bebidas gaseosas provocan estados de hipoglicemia que favorecen la irritabilidad y el desborde emocional.

Otra forma de regulación fisiológica es anticiparnos a una necesidad y tratar de cubrirla. Por ejemplo: están invitados el fin de semana a una comida familiar a las 13.30. Su hijo tiene el hábito de comer a esa hora, pero por experiencia saben que las comidas en casa de los abuelos tienden a atrasarse. Para evitar que el hambre llame a las pataletas, se preocupan de que vaya comiendo o tenga un desayuno más contundente que le permita esperar tranquilamente hasta que esté lista la comida.

La regulación fisiológica es central con preescolares pequeños. Los preescolares grandes toleran mejor las necesidades fisiológicas.

Adecuación contextual: Hay veces que los niños, por alguna razón, no son capaces de cumplir con lo que usualmente les pedimos. Por ejemplo, comerse toda la comida cuando están enfermos, u ordenar la habitación cuando han tenido un mal día. En estas situaciones, exigirles lo que usualmente les exigimos, no es lo más adecuado, ya que, hagamos lo que hagamos, no nos van a obedecer. Y si les insistimos, lo más probable es que terminen haciendo una pataleta.

Adecuarnos al contexto no significa ser permisivos, sino visualizar y empatizar con las necesidades de nuestros hijos

[16] A. Céspedes, *Niños con pataleta, adolescentes desafiantes: Cómo abordar los problemas de trastornos de conducta en los hijos*, Edición actualizada, Santiago, Ediciones B, 2017.

en un momento determinado y anticipar que por estas razones no serán capaces de cumplir con lo que usualmente les pedimos. Consiste en flexibilizar y ser asertivo en el uso de la autoridad (pedirles algo que sí van a poder cumplir) y evitar de esta forma malos ratos que no nos llevan a ninguna parte.

Ejemplo de rigidez: Claudita llega muerta de sueño del centro comercial. Cuando la madre le sirve su plato de comida, Claudita le dice «Mamá, no quiero» mientras se frota los ojos de sueño. La madre entonces le exige comerse toda la comida. Comienza la batalla: Claudita se niega a cenar y su madre le exige. El ambiente se pone tenso. Claudita se pone a llorar y termina haciendo una pataleta. La madre, enfadada, al ver que no va a lograr que coma, retira el plato de la mesa y la deja sin postre.

Ejemplo de adecuación contextual: Antonio llega muerto de sueño de casa de los abuelos. Mientras su padre le calienta la comida, Antonio le dice que tiene mucho sueño y que quiere acostarse. Su padre anticipa que va a ser difícil que se coma toda la comida y le dice: «Sé que tienes sueño, pero no te puedes dormir con la barriguita vacía. Diez cucharadas». Antonio lo mira y le dice «Seis cucharadas, papá, solo seis». El padre le dice que seis es muy poco, que su última oferta es ocho. El niño acepta, come y se va a dormir.

En el primer ejemplo, Claudia no obedece y hace una pataleta. La madre pierde la calma y, de paso, la autoridad. En el segundo ejemplo ocurre todo lo contrario: Antonio obedece, se evita una pataleta y se refuerza la autoridad del padre.

Elección estratégica de la batalla: Esta técnica es especialmente útil con preescolares pequeños. Durante el día se nos presentan muchas situaciones en las cuales queremos que nuestro hijo haga algo y él se resiste. Muchas de estas batallas son poco importantes y no valen la tristeza. Veamos un ejemplo:

> Joaquín quiere subirse al coche solo. Como tarda, su madre lo coge en brazos y lo sube. Entonces hace una pataleta e intenta bajarse del coche para subirse como él quería. En esta disputa de poder es imposible abrocharle el cinturón y su mamá pierde la paciencia. Joaquín va llorando todo el camino al colegio.

Este es un muy buen ejemplo de una batalla innecesaria que se podría haber evitado dejándolo subir solo desde el comienzo. Si bien es cierto que tarda, se pierde menos tiempo esperando a que se suba que en el tira y afloja de la pataleta. Además, así, permitimos que satisfaga sus necesidades de autonomía y que llegue tranquilo al colegio.

Elegir estratégicamente la batalla, más que ceder, significa anticipar una rencilla poco importante y simplemente no entrar en ella. Si nuestro hijo se quiere subir al coche solo, es muy distinto dejarlo entrar en una pelea de gallito «yo te subo / no, yo me subo», y salir de ella derrotados. En la primera situación, el niño nunca visualizó una disputa de poder (por lo que nunca se perdió autoridad), mientras que en la segunda sí.

Entonces, si ves que tu hijo está sensible y lo que le estás pidiendo no es tan importante, simplemente no entres en una batalla. Flexibiliza, cede. Si va al baño y te pide que le limpies y al decirle que se limpie solo te dice que no, en vez de entrar en la discusión «límpiate tú / no, límpiame tú», sal de la situación y dile: «¿Quién es muy mimoso? Está bien, te voy a limpiar, pero tú sabes hacerlo solo».

Es importante que tengan en cuenta que los preescolares pequeños, si bien tienen la necesidad de ser grandes, también tienen la necesidad de sentir que sigues ahí para cuidarlos y protegerlos, por lo que muchas peticiones del tipo «hazlo tú» («límpiame tú», «dame tú la comida», «recoge tú la basura», «lávame tú los dientes»), más que oposicionismo, son formas de satisfacer esta necesidad de dependencia y seguridad. Algo así como «¿Sigues ahí para mí?». Esto ocurre especialmente cuando atraviesan por una situación difícil, como la llegada de un hermano o la separación de los padres.

Ahora bien, no está de más aclarar, que si se trata de algo importante (como abrochar el cinturón o abrigarse), sí se debe intentar que el límite se respete. Y para evitar mayores dramas, se puede aplicar alguna de las estrategias que veremos a continuación.

Uso del juego: Esta es una de mis estrategias favoritas. No hay nada que entusiasme más a un niño que jugar con sus padres, por lo que usar este recurso para evitar pataletas es muy efectivo. Por ejemplo, en vez de pelear porque se vayan a lavar los dientes, se puede decir: «¡Quién llega primero al baño!». O si están jugando a la mamá y queremos que vayan a comer: «¿Juguemos a que las mamás van ahora a un restaurante?». Lo importante aquí es ser creativos, estar atentos a las oportunidades y tener disposición de jugar.

Uso del humor: El uso del humor es una buena estrategia para evitar una pataleta, pero hay que saber cuándo usarlo. Consiste en anticipar que el niño va a comenzar a frustrarse, e inmediatamente hacerlo reír, realizando algo gracioso o haciéndole cosquillas.

Lo complicado de esta estrategia es que si no se utiliza en el minuto preciso, puede generar el efecto contrario. Por ejemplo, si la pataleta ya está en curso, hacerle cosquillas a un niño podría enrabiarlo más. Lo mismo que nos ocurriría a nosotros si estamos frustrados y viene alguien y nos hace cosquillas. Pero si se usa cuando está comenzando, la risa cambia el curso del estado emocional y se puede evitar.

Uso de la negociación y alternativas: El uso de la negociación y alternativas son excelentes métodos para regular el comportamiento de un niño de manera amena, y de esta forma evitar que haga pataletas. Lo que hace que estos métodos sean tan efectivos es que permiten que el niño tome una decisión y satisfaga, de esta forma, de manera adaptativa, sus necesidades de autonomía y voluntad. A continuación, les enseño cómo hacer un buen uso de estos métodos.

La negociación es el proceso por el cual dos partes resuelven un conflicto y/o llegan a un acuerdo que beneficia a ambos. Es una estrategia útil cuando la posición del cuidador es distinta a la del niño, pero es aceptable y posible acercar las dos posiciones. Por ejemplo: el niño no quiere comer nada y el cuidador quiere que se coma toda la comida. En este caso, sería aceptable que el niño se coma la mitad (ambas partes de benefician sin perjuicio). La negociación no es aceptable cuando implica algún riesgo o daño.

Para negociar ante una situación conflictiva, se le debe ofrecer al niño una propuesta. Puede que la acepte desde el comienzo y el conflicto se acabe ahí mismo. En caso de que no lo haga, lo más probable es que nos ofrezca otra propuesta. Cuando esto suceda, se debe dejar un margen para negociar, pero con un límite. Veámoslo a través de un ejemplo:

Andrés, de cuatro años, no quiere comerse la comida. Su padre sabe que no le gusta mucho el puré, pero en otras ocasiones se lo ha comido sin problemas. Entonces le dice:

—Si quieres, deja ese poquito (propuesta inicial).

—Nooooo, es mucho. Tres cucharadas más (propuesta del niño).

—¡Tres es muy poco!

—Entonces cuatro... (margen para negociar)

—La mitad, no menos que eso (límite aceptable).

—¡Yaaaaa, está bien!

Para hacer buen uso de la negociación, recomiendo que estratégicamente en nuestra propuesta inicial pidamos más de lo que es aceptable para nosotros. De esta forma dejamos espacio para negociar sin alejarnos mucho de lo que inicialmente esperamos. Es como cuando se vende un coche. Uno da un precio más alto del que espera, para que cuando nos pidan una rebaja no salgamos perdiendo. Ahora bien, si nos aceptan nuestra propuesta inicial, tanto mejor. En el ejemplo anterior, el padre de Andrés esperaba, desde el inicio, que su hijo se comiera solo la mitad. Pero si se lo decía desde un comienzo, no habría dejado espacio para la negociación. O hubiese negociado, pero Andrés hubiese terminado comiendo menos de lo aceptable.

Lo bueno de esta técnica es que en la medida en que la usamos de manera frecuente y justa, el niño la va incorporando como una estrategia pacífica de resolución de conflictos y la comienza a usar tanto con sus cuidadores como con sus pares. Y sin darnos cuenta, además de evitar una pataleta y fortalecer la relación con los niños, les estamos indirectamente enseñando a resolver conflictos buscando alternativas aceptables.

Veamos ahora el uso de alternativas. Dada la necesidad vital de los preescolares de sentir que son capaces de tomar decisiones y querer algo distinto de uno, muchas veces se niegan a lo que les pedimos, no porque no quieran hacerlo, sino más bien para diferenciarse y poner en práctica su voluntad. Es por esto que el uso de las alternativas es tan importante, porque nosotros se las acotamos a lo que consideramos aceptable, dándoles la opción de tomar una decisión. Por ejemplo, cuando mi hija menor empezó a ponerme problemas para peinarla y realizaba unas pataletas horribles, la hacía elegir qué colonia quería y qué peineta. ¡Santo remedio! Y lo mejor era que las dos ganábamos: yo la peinaba sin drama y ella satisfacía sus necesidades.

Las alternativas también sirven cuando uno debe establecer un límite. Por ejemplo, «Antonia, no puedes estar descalza (límite). ¿Qué te vas a poner? ¿Las zapatillas o las botas? (alternativas)». Si se fijan, en ningún caso se da la opción de quedarse descalza, pero se da a elegir. Otro ejemplo: «De postre hay fruta. ¿Qué prefieres? ¿Pera o manzana?».

Ajuste de expectativas: ¿Sabían que la frustración es lo que sentimos cuando nuestras expectativas no se cumplen? Les traslado al colegio para explicar esta idea. Recuerden lo frustrante que podía llegar a ser recibir una mala nota cuando uno esperaba una buena. No así cuando uno esperaba y recibía una mala nota. Esto se debe que en el primer caso nuestra expectativa no se cumple, por lo que es más difícil aceptar y procesar la mala nota.

Esto mismo les ocurre a los niños a cada rato. Por su edad, tienden a tener expectativas irrealistas y, por tanto, a frustrarse mucho. Recordemos que los niños a esta edad no controlan bien el factor tiempo, dinero, clima, etc., por lo que muchas veces tienden a esperar cosas que no van a ocurrir. Una forma de evitar pataletas es ajustar sus expectativas irrealistas a expectativas realistas. Veamos ejemplos:

> Nicolás tiene casi cinco años. Siempre que va al supermercado pide un juguete. Cuando no se lo compran, hace una pataleta. Su madre sabe que tener expectativas

realistas disminuye la respuesta de frustración. Por lo que, antes de ir al supermercado, se preocupa de aclararle sus expectativas: «Vamos a ir al supermercado, pero no te voy a comprar nada». Esto permite que el niño no se entusiasme con un juguete y después se le diga que no.

Carlitos, de cuatro años, es muy obstinado con sus ideas e intenso. Un día pidió ver una película. Su mamá sabía que en 30 minutos debían ir al dentista, por lo que no iba a poder terminarla. Como sabe que cortársela a la mitad va a ser un drama (si él se hizo la idea de verla completa), antes le dice: «Te puedo poner la película, pero no podrás verla entera porque en un ratito tenemos que salir. ¿La quieres ver igual o prefieres algo más corto?».

Ajustar las expectativas no asegura que no haya frustración. En el ejemplo anterior, Carlitos podría haber llorado igual al cortarle la película. No obstante, el impacto de la frustración va a ser claramente menor, por lo que si no logramos evitar una pataleta, al menos resultará más fácil regularla.

Esta estrategia es especialmente útil cuando a los niños les cuestan los cambios o son persistentes, ya que son de ideas fijas y les cuesta cambiar el foco de atención.

Asociación de algo positivo: Esta estrategia consiste en asociar una situación desagradable (que suele generar pataletas) con algo agradable. Busca contrarrestar la frustración con una emoción positiva, y de esta forma evitar pataletas. Por ejemplo, si un niño hace una pataleta cada vez que se tiene que ir de la plaza (situación desagradable), podrían guardarle el zumo que usualmente le daban para el final (situación agradable). De esta forma, irse de la plaza deja de ser tan malo, porque es el momento en que se toma su anhelado zumo. Si esto se repite todos los días, el niño se va a acostumbrar a recibir su zumo en ese momento y lo va a esperar ansioso.

La idea es usar esta técnica con situaciones cotidianas que normalmente generan una pataleta (sentarse en la silla del coche, salir del baño, irse de la plaza, etc.). Esto permite que el niño se acostumbre a lo que hacemos y sea más un hábito que una distracción aleatoria que se nos ocurrió en el momento (que si bien son tremendamente útiles, en esta estrategia se busca asociar algo desagradable con algo agradable, para lo que se necesita tiempo y constancia). En el ejemplo anterior, el niño se acostumbrará tanto a recibir su zumo al irse, que pasará a ser parte de la rutina de ir a la plaza.

Cambio de foco de atención: Esta estrategia consiste en desviar la atención del niño de aquello que le genera frustración hacia algo que le resulta placentero. En el tercer capítulo vimos el cambio de foco de atención para ayudar a un niño a calmarse. Aquí se usa para evitar que se detone una pataleta.

> José Pablo tiene cuatro años y encontró su caja con témperas justo antes de irse a dormir. Por supuesto, le pregunta a su mamá si puede pintar, solicitud que la madre rechaza. En el momento en que la madre ve los ojos de José Pablo llorosos e intuye que se viene una pataleta, le cambia el foco de atención y le dice: «No puedes pintar con témpera a estas horas (evento frustrante), pero si quieres te puedo contar un cuento (evento placentero)».

Para que resulte, es importante cambiar el foco de atención en el momento que le decimos que no a los niños para evitar que la frustración sea muy intensa.

Sí aceptable:[17] Si ponen atención, se darán cuenta de que a veces estamos todo el día diciéndoles «no» a nuestros hijos. Nos sale casi de manera automática. El problema es que cuando nuestra casa se convierte en un regimiento, los niños terminan revelándose o inhibiéndose. Por lo mismo, conviene reducir la cantidad de «no» que decimos al día. Una forma de hacer esto (además de dejar pasar o permitir cosas no importantes) es transformar un «no» en un «sí aceptable». Por ejemplo: «¿Mamá, puedo pintar con los lápices que me regalaste?». «¡Qué buena idea! Pero ahora nos tenemos que bañar, puedes pintar después del baño».

En el ejemplo anterior era aceptable pintar después del baño. En caso que no lo hubiese sido, se le debería haber dicho cuando sí. Por ejemplo: «¡Qué buena idea! Pero para eso necesitamos tiempo y ahora te tienes que bañar. ¿Qué te parece si pintamos juntas mañana? ¿Qué quieres pintar?». Si se fijan, la idea es mostrarle al niño cuándo o cómo es adecuado hacer lo que quiere.

Para que el sí aceptable tenga buena acogida, conviene primero validar lo que el niño pide o propone. En el ejemplo anterior, el cuidador, antes de decirle cuándo puede pintar, le dice: «¡Qué buena idea!». Hemos visto a lo largo del libro que cuando hacemos esto el cerebro de nuestro hijo se vuelve más receptivo y le cuesta menos entender o aceptar lo que le tenemos que decir. Versus cuando le decimos que no de inmediato, sin entenderlo o mirarlo, y su cerebro se pone a la defensiva, dispuesto a pelear y validar su postura.

Una última aclaración: esta estrategia se parece mucho a la anterior, y la única diferencia es que en esta ayudamos al niño a redireccionar su atención mostrándole cuándo o cómo

---

[17] Esta estrategia también la trabaja Felipe Lecannelier en su libro *A.M.A.R Hacia un cuidado respetuoso del apego en la infancia*, ya citado, y Daniel Siegel y Tina Bryton en su libro *Disciplina sin lágrimas*. (Barcelona, Ediciones B, 2015).

es posible hacer algo, y en la anterior, enseñándole algo placentero que no tiene relación alguna con el evento frustrante.

Reflejo genuino: Lo otro que hemos visto que es importante y poderoso es que los niños se sientan entendidos. Que al igual que uno, cuando se sienten visualizados y comprendidos, aumenta la receptividad y cooperación. Veamos un ejemplo:

> Mamá: «Veo que estás muy entretenida jugando con tus Polly Pockets».
> Catita: «Sí».
> Mamá: «Pero es tarde y nos tenemos que ir a bañar».
> Catita: «¡No quiero!».
> Mamá: «Te entiendo, estás muy entretenida».
> Catita: «Sí».
> Mamá: «Pero tenemos que ir a bañarnos. ¿Qué tal si jugamos a que las Polly Pockets van a la piscina?».
> Catita: «¡Ya!».

Para lograr esto, se les debe reflejar su estado mental (tal como vimos en el tercer capítulo). «Sé cuánto te gusta jugar con los cochecitos», «Te frustra que te diga lo que tienes que hacer», «Sé lo difícil que es dejar de hacer algo que nos gusta».

Si combinamos esta estrategia con las dos anteriores, su efecto es aún más potente. Primero nos conectamos con nuestro hijo haciéndole un reflejo de lo que les pasa, luego los ayudamos a redireccionar su atención hacia algo que les resulte placentero (cambio de foco de atención) o mostrándole cuándo o cómo podría hacer lo que quiere hacer (sí aceptable).

Adecuada regulación de la conducta: Sin duda, cuando ayudamos de manera adecuada a nuestros hijos a regular su conducta, las pataletas disminuyen de manera significativa. En el próximo capítulo veremos que los hábitos y las rutinas tienen importantes propiedades regulatorias: favorecen la regulación fisiológica, facilitan que los niños hagan cosas que no son de su completo agrado (como, por ejemplo, lavarse los dientes) y permiten que el día sea predecible (lo que tranquiliza a los niños y disminuye sus necesidades de control).

También veremos que cuando establecemos límites de manera adecuada, para los niños es más fácil aceptarlos y respetarlos. Y cuando no los respeta y los hacemos valer de manera adecuada, les resulta más fácil aceptar su error y sienten menores niveles de frustración.

Evitar pataletas innecesarias es especialmente importante con preescolares pequeños, ya que por su inmadurez y necesidades de autonomía y control, se corre el riesgo de pasar de rencilla en rencilla todo el día.

También es importante hacerlo con niños persistentes o con rasgos de personalidad obsesivos, ya que a ellos les cuesta más tolerar que les digan lo que deben hacer. Son más obsesivos con sus ideas, necesitan y demandan que las cosas se hagan a su manera. ¿Recuerdan a Diego, del primer capítulo? Si la mamá lo subía al coche él se bajaba para subirse solo. Si la mamá lo vestía, se quitaba la ropa para vestirse solo. Si la mamá no le llevaba la leche, no se la tomaba (aunque estuviese muerto de hambre).

Sin duda, agotador. Por lo mismo, a muchos padres les digo que se debe tener mucha paciencia y emplear estas estrategias para sobrevivir esta etapa, y que en la medida que nos acercamos a los cuatro años, todo será más fácil.

Segundo nivel de gestión: cuando la pataleta está en curso

Cuando la pataleta ya está en curso, no nos queda otra que gestionarla. En función de lo que hemos visto hasta ahora, esto significa mantenernos conectados con nuestro hijo y ayudarlo a recuperar la calma, por difícil que sea.

Muchos padres creen que hacer esto refuerza las pataletas, pero contener una pataleta no significa darle gusto a nuestro hijo, sino asistirlo en el estrés. Si se puso a llorar porque le dijeron que no podía comer más galletas, y le ayudan a calmarse manteniendo el límite, lo único que se está reforzando es la seguridad en el estrés. El mensaje de que cuentan con ustedes en las buenas y en las malas.

El objetivo en este nivel entonces es ayudar al niño a calmarse, sin que ello signifique darle gusto. Para eso contamos con el diagrama de regulación emocional que vimos en el capítulo anterior.

Reitero la idea de que ningún niño es igual a otro, como tampoco ninguna situación es igual a otra. Por lo mismo, el diagrama de regulación se debe usar como un botiquín, más que como una receta. Lo importante aquí es que cuenten con un norte (regular el estrés) y con las herramientas necesarias para alcanzarlo, en función de lo que ese niño necesita en ese momento específico.

Como ya vimos el diagrama de regulación, aquí solo recordaré los pasos limitándome a lo que ocurre en las pataletas, por lo que si necesitan más detalles, recomiendo leer el segundo capítulo. Empecemos por recordarlo:

1. Regularse uno

2. Sintonizar con el niño

3. Reflejar y validar

4. Facilitar expresión adaptativa

5. Calmar

6. Reflexión guiada

7. Reforzar

Regularse uno: Este es uno de los pasos más importantes para gestionar de manera adecuada una pataleta y quizá de los más difíciles. Cuando los niños hacen pataletas, con frecuencia uno también se encuentra alterado. No es lo mismo calmar a un niño cuando está triste que cuando está tirado en el suelo pegando patadas porque no quiere comer o abrigarse. Menos aún cuando estamos apurados o tenemos otro hijo llorando al lado o pidiéndonos algo.

El problema de esto es que no se puede ayudar a alguien a calmarse cuando uno no lo está. El desborde llama al desborde. Por lo mismo, antes de hacer cualquier cosa, es preciso dar un paso atrás, respirar hondo y calmarnos (aunque ello signifique irnos a otra habitación unos segundos).

Esto es especialmente difícil de hacer cuando andamos cansados o irritados por alguna razón. Un mal día en el trabajo, preocupaciones o haber pasado una mala noche a veces bastan para que nuestras ventanas de tolerancia disminuyan y nos cueste regularnos. A veces, cuesta simplemente porque educar no es fácil. Si bien es una tarea maravillosa y tremendamente satisfactoria, a ratos resulta agotadora y desgastante. ¡Especialmente cuando los niños hacen pataletas! Por esta razón es tan importante tener siempre presente este primer paso, cuidarnos y tener buenas redes de apoyo.

También es útil recordar los cambios de ideas necesarios para la adecuada regulación emocional («No existen las emociones negativas», «aceptar nuestras emociones y las de otros» y «reconocer las emociones como un espacio para la intimidad y el aprendizaje») y tener presente que las pataletas son normales y necesarias. Que son la forma mediante la cual nuestro hijo está creciendo y luchando por su independencia.

Ahora bien, de nada nos sirve saber que las emociones son positivas y que debemos aceptarlas, si no tomamos conciencia de nuestras reacciones. Por lo mismo, para poder regularnos y de esta forma gestionar de manera adecuada las pataletas de nuestros niños, es preciso preguntarnos qué nos pasa cuando estamos frente una. ¿Nos irritamos? ¿Nos angustiamos? ¿Nos descontrolamos? ¿Qué es lo que me irrita de una pataleta? ¿Que proteste? ¿Que no quiera calmarse? Recordemos que el primer paso para regularnos es identificar lo que nos pasa.

Sintonizar con el estado mental del niño: Una vez que estamos tranquilos, es importante mirar a nuestro hijo y sintonizar con su estado emocional. Tratar de entenderlo. La verdad es que no sirven de mucho los pasos que vienen si no tenemos nuestra cabeza y corazón en lo que le pasa a nuestro hijo en ese momento.

Cuando logramos conectarnos con nuestro hijo, es más fácil mantener la calma durante el proceso y saber lo que necesita. A veces quieren que estemos cerca, otras veces que tomemos distancia. A veces necesitan silencio, otras veces un abrazo.

Sintonizar también es importante porque muchas veces las pataletas esconden motivos distintos a los que la detonan. Por ejemplo, un niño hace una pataleta porque no quiere ordenar, pero en verdad tiene sueño. O hace una pataleta porque le echaron kétchup encima del arroz y no al lado, pero en verdad está triste porque acaba de venir de la casa de su papá y lo echa de menos.

Identificar los motivos ocultos (si es que los hay) nos permite tener una mejor gestión de la situación. En el primer ejemplo, descubrir que nuestro hijo tiene sueño nos permite adecuarnos al contexto y bajar nuestras exigencias. En el segundo caso, ayudarlo con lo que realmente lo inquieta.

Esto es superimportante porque los niños pequeños no siempre entienden lo que les pasa y necesitan nuestra ayuda. Y cuando los motivos ocultos no son abordados, se corre el riesgo de pasar de pataleta en pataleta.

Reflejar y validar: Reflejar consiste en poner en palabras lo que le pasa a nuestro hijo en ese momento (lo que siente, lo que necesita, lo que quiere).

- «Te da rabia que no te compre el juguete».
- «Te dio rabia que se te cayera la torre».
- «Quieres seguir viendo monitos, estás enfadada».
- «Camila, sé que tenías muchas ganas de ir a la plaza. Entiendo que te dé rabia que se haya puesto a llover».

En el tercer capítulo vimos que hacer esto tiene importantes beneficios afectivos, educativos y cerebrales que permiten que el niño baje sus defensas y comience a tranquilizarse.

A diferencia de otras situaciones de estrés, cuando un niño está haciendo una pataleta, está tan frustrado y desbordado que por lo general no quiere que le hablemos. Por lo mismo, debemos explicarle lo que le pasa de manera muy escueta, validarlo y quedarnos en silencio cerca de él.

Muchos padres me preguntan si acaso entonces es mejor no decir nada. Y la respuesta es que, a pesar de que el niño no quiere que le hablemos, necesita saber que entendemos lo que le está pasando y que estamos ahí para él.

Si el niño durante la expresión de malestar reitera lo que quiere y lo que detonó la pataleta (por ejemplo, «quiero más chocolate»), debemos volver a reflejar y quedarnos en silencio («Sí, sé que quieres más chocolate»). A veces también es necesario reiterar el límite que detonó la pataleta («Sí, sé que quieres más chocolate, pero se acabó»).

Para que nuestro hijo se sienta realmente entendido y el reflejo no sean palabras vacías, es preciso que nuestro lenguaje no verbal sea coherente con el verbal. Es muy distinto decirle a un niño que lo entendemos mientras recogemos lo que tiró al suelo, que acercarnos, agacharnos, hacer contacto visual, tocarle el hombro y expresarle con la mirada y tono de voz «que lo entendemos». Como vimos en el tercer capítulo, conviene incluso ponerse más abajo de su altura.

Favorecer/permitir la expresión adaptativa: Cuando un niño está haciendo una pataleta, no necesita que lo ayudemos a expresar lo que le pasa (ya que de por sí lo está haciendo), sino hacerlo de buena manera.

Los preescolares pequeños con frecuencia tienden a desbordarse y a tener conductas inadecuadas como tirar los juguetes al suelo, morder o pegarle a alguien. Cuando eso ocurre, es muy importante establecerle un límite a la expresión emocional. Dejar que un niño exprese su emoción con completa libertad es casi tan dañino como no permitir que la exprese. Recuerdo el caso de un niño que cuando hacía pataletas se golpeaba la cabeza contra la pared. Claramente esto no es algo que podamos permitir.

Recordemos que el límite siempre se establece después del reflejo. Es muy importante que al niño le quede claro que el problema no es lo que siente, sino la forma de expresarlo. «Sé que tienes rabia (reflejo), pero no por eso vas a tirar tus juguetes (límite)», «No porque tengas rabia (reflejo) me vas a pegar (límite)».

Dado que el niño se encuentra desbordado, además del límite verbal, puede necesitar contención física. Por ejemplo, que le cojamos las manitas para evitar que se pegue o que tire un juguete. No sirve de mucho decirle que no haga algo mientras miramos cómo lo hace.

Tampoco sirve decírselo en un tono dulce o suave. Cuando un niño está desbordado y está haciendo algo inadecuado, necesita que seamos firmes. No se trata de gritar, sino que se dé cuenta de que estamos hablando en serio, que por más que entendamos cómo se siente, no dejaremos que se haga o haga daño.

En una ocasión un paciente hizo una pataleta al final de la consulta cuando su mamá le dijo que no le compraría nada para comer. Se tiró al suelo y comenzó a pegarle patadas a mi puerta. La mamá, desde lejos y en un tono muy suave le decía: «Sé que estás enfadado, no pegues patadas». Y el niño más lo hacía. Algo así como «date cuenta de que estoy mal y necesito que reacciones», pero la madre siguió en lo mismo. Entonces no me quedó otra que intervenir. Me acerqué donde estaba y con mucho cariño tomé sus piernas y le dije «no» en un tono firme y seguro. «Sé que tienes rabia, pero no le pegues a mi puerta». A la tercera dejó de hacerlo. Le dije a su mamá que se acercara y lo abrazara. Solo así se calmó.

Es tan importante establecerle límites a la expresión emocional, como tratar de enseñarle al niño formas adaptativas de hacerlo. Veremos cómo hacer esto en detalle en el sexto capítulo.

Calmar: Tras haber reflejado el estado mental y permitido expresar su malestar, debemos ayudarlo a calmarse. Esto no es nada de fácil, porque cuando un niño está haciendo una pataleta, está emocionalmente desbordado. Calmar a un niño intenso podría alargarse incluso treinta minutos. Pero es muy importante que lo hagamos.

Cuando ayudamos a un niño a calmarse, le transmitimos que no importa cuán intensa sea la emoción, porque después viene la calma. Que no importa cuán desagradable sea la emoción, estaremos a su lado.

En el capítulo de regulación emocional nombramos algunas estrategias: cambiar el foco de atención; caricias; mecer; respiración; ejercicio/mover el cuerpo; cambio de ambiente; yo decido y pensamiento mágico.

Estos son algunos ejemplos de lo que se puede hacer para ayudar a un niño a calmarse cuando está haciendo una pataleta. Por supuesto, existen muchas otras formas más de hacerlo. Lo importante es ir viendo en la práctica qué le sirve más a nuestro hijo.

Recordemos que una técnica que por lo general es efectiva, en determinados momentos puede no serlo. Y que se puede potenciar el efecto regulador cuando combinamos las técnicas, unas con otras.

Es probable que muchos padres en este momento estén pensando: «No ha visto las pataletas que hace mi hijo, si le hablo o lo llego a abrazar es peor, ¡más rabia le da!». Y tienen toda la razón. A veces los niños necesitan un espacio para calmarse antes de que nos acerquemos mucho a ellos. Dado que esta necesidad es frecuente cuando un niño está haciendo una pataleta, voy a volver a explicarlo, tal cual como lo expliqué en el capítulo de regulación emocional.

Cuando el niño está demasiado descontrolado o su emoción es muy intensa, antes de aplicar cualquier estrategia de regulación se le debe dar un espacio para que se descargue y la intensidad de la emoción baje. A veces antes de calmarnos necesitamos llorar y echar fuera lo que nos acongoja. A los niños les pasa lo mismo.

Para saber si nuestro hijo necesita que tomemos cierta distancia o nos quedemos en silencio, es preciso estar sintonizados con su estado mental. De necesitarlo, se le debe hacer un pequeño reflejo y darle el espacio que necesita para calmarse:

«Sé que tienes mucha tristeza, me voy a quedar contigo aquí hasta que se te pase», «Parece que necesitas estar solo un ratito, me voy a quedar por aquí cerca por si me necesitas», «Parece que necesitas seguir llorando».

En esos momentos, debemos quedarnos cerca, en silencio y esperar que la intensidad de la emoción baje un poco. La idea es que sepa que estamos ahí, que no han perdido la sintonía con nosotros por estar frustrados, todo lo contrario, que estamos tan conectados con ellos, que sabemos que necesitan un espacio. Cuando la intensidad de la emoción baja, nos acercamos y los ayudamos a calmarse empleando alguna estrategia de regulación.

A veces quedarnos en silencio cerca del niño cuando está teniendo un estado emocional intenso puede resultar más difícil que calmarlo. Uno tiende al consuelo, al abrazo. Y cuando nuestro hijo lo rechaza, nos sentimos mal. Por eso es tan importante entender este espacio como una necesidad.

Lo otro que puede ocurrir es que nos digan que nos vayamos y al irnos se pongan a llorar más fuerte. Cuando los niños están desbordados, muchas veces no saben lo que quieren y piden cosas contradictorias. Cuando eso ocurre, necesitamos mantener la calma (por ningún motivo retarlo por la ambivalencia) y transmitirles que nosotros entendemos lo que ocurre y que tenemos el control de la situación. Se les puede decir, por ejemplo: «Entiendo que necesites tu espacio, pero no te puedo dejar solo, me quedaré aquí».

Reflexión guiada: En este paso, el niño ya está tranquilo. Es el momento ideal para que lo ayudemos a reflexionar sobre lo que pasó (a través de preguntas, explicaciones o reflejos) y enseñarle formas más adaptativas de expresarse y resolver conflictos.

Recordemos que la reflexión guiada sirve para que el niño *se conozca a sí mismo* («Sé que te frustras mucho cuando alguien cambia los planes»), *aprenda a resolver conflictos* («¿Qué podrías hacer la próxima vez que tu hermano no te quiera prestar un juguete?»), *aprenda a satisfacer una necesidad* («La próxima vez que necesites que te ayude, dímelo»), *aprenda de lo sucedido* («No es bueno romper juguetes cuando tenemos rabia, porque cuando se nos pasa la rabia nos arrepentimos de lo que hicimos») *y/o aprenda una estrategia de regulación* («¿Cómo podrías descargar tu rabia la próxima vez sin dañar a nadie?»).

Otra cosa importante es que si descubrimos que detrás de la pataleta había un motivo emocional oculto, también es el momento de abordarlo. Cuando tratamos de hacerlo antes, lo más probable es que no nos escuche, lo niegue o le dé más rabia.

Reforzar: Este es uno de los pasos más simples. Consiste en reforzar al niño por qué logró calmarse, por qué logró controlarse o por qué expresó lo que sentía. En el fondo, cualquier conducta positiva que hayamos detectado durante el proceso de regulación. Por ejemplo: «Qué bien que te pudiste calmar», «Estoy muy orgullosa de ti. Te diste cuenta de que a pesar de que sentiste mucha rabia no tiraste tus juguetes al suelo?». Al igual que en el paso anterior, también requiere que el niño esté lo suficientemente tranquilo como para que sea receptivo a escuchar lo que le queremos decir.

Ejemplos del diagrama de regulación en pataletas

Frustración pura

> José Pablo, de cuatro años recién cumplidos, estaba construyendo una torre. Cuando le faltaba la última pieza, pasó su hermano mayor y se la tiró. Esto le generó mucha rabia y comenzó a hacer una pataleta. Su rabia era tal que comenzó a tirar las sillas. Su madre, que estaba en la habitación de al lado, corrió a ver qué pasaba. Al verlo

descontrolado, lo abrazó fuertemente por atrás (sintoni-zación-contención física). Tanteando terreno le dijo: «Sé que tienes rabia, pero no por eso vas a tirar las sillas, trata de calmarte» (reflejo-establecer límite). Pero al oír sus palabras, José Pablo, que había logrado calmarse un poco, se volvió a irritar. Su madre, entonces, optó por quedarse un rato en silencio (sintonización-estrategia de regulación: espacio para calmarse). Cuando la intensidad de la emoción bajó, la madre se acercó, se puso a su altura, le limpió las lágrimas y mirándolo a los ojos le dijo: «¿Ves como ha pasado y has podido calmarte?», le dio un beso y lo volvió abrazar (refuerzo). «Ahora que estás calmado, si quieres te ayudo a construir de nuevo tu torre». Mientras construían la torre, le dijo: «Sé que te dio mucha rabia lo que pasó, pero no por eso vas a tirar las sillas al suelo» (reflexión guiada: puesta de límite). Al rato agregó: «Quizá la próxima vez que tengas mucha rabia puedes golpear al cojín. ¿Qué piensas?» (reflexión guiada: recurso para el futuro).

Frustración pura

Matilde tiene tres años y medio. Sus rasgos temperamentales están casi todos en la media, por lo que se caracteriza por ser alegre, flexible y fácil de regular. En general, hace pocas pataletas. La última vez que hizo una fue cuando su papá le dijo que se había hecho tarde para ir a la plaza. Matilde se puso a llorar (permitir expresión). Tras unos segundos, el padre se puso a la altura y le dijo: «Sé que te da rabia que no vayamos a la plaza, si quieres hacemos algo entretenido cuando lleguemos a casa» (sintonización-reflejo-estrategia de regulación: cambio foco de atención). Matilde se calmó un poco y le dijo: «¡Es que yo quería ir a la plaza!». Su padre le contestó: «Si sé, pero no se puede». La abrazó y tras unos segundos de silencio le dijo: «Trata de calmarte... a ver, respira conmigo» (estrategia de regulación: abrazo, espacio para calmarse, respiración). Cuando estaba en el último respiro le preguntó qué quería hacer cuando llegaran a casa (estrategia de regulación: cambio del foco de atención).

Tristeza encubierta en una pataleta

Gustavo, de cuatro años, ayer por la tarde hizo una pataleta tremenda a la hora de almuerzo porque le dijeron que no podía tomarse un segundo vaso de zumo hasta terminar su comida. Los padres se sorprendieron mucho porque hacía meses que ya no tenía pataletas ni se frustraba de esta forma. Su mamá respiró hondo (regularse uno), se levantó de la mesa y lo fue a contener. «Amor... ¿tanta rabia te da no poder tomar más zumo?» (sintonización-reflejo); a lo que Gustavo contestó que sí y siguió llorando. «Te entiendo, a mí también me da rabia cuando no puedo hacer algo que quiero» (validación). Le tomó de la mano y lo sentó sobre ella en el sofá (estrategia de regulación: abrazo y cambio de ambiente). «Trata de calmarte para que podamos conversar». Le puso la manita sobre su estómago y lo ayudó a respirar. Mientras la mamá le daba tiempo para calmarse, pensó qué le podría estar pasando a su hijo para dar pataletas por algo tan pequeño. Y se dio cuenta de que quizá estaba así porque acababan de llegar de un viaje y no los había visto en diez días. Entonces, una vez que se tranquilizó, decidió abordar el motivo real de lo que le pasaba. «Amor, yo entiendo que te dio rabia que no te dejáramos tomar otro vaso de zumo, pero normalmente no te enfadas tanto por estas cosas. ¿Será que nos echaste mucho de menos cuando nos fuimos de viaje?». Gustavo asintió con la cabeza y se puso a llorar, pero esta vez de tristeza. Y tras haber abordado el motivo real de lo que le pasaba, se volvió a sentar a la mesa y estuvo bien el resto del día. Mimoso y demandante, pero bien.

Frustración pura

Javiera, de dos años y tres meses, está aprendiendo a controlar los esfínteres. Ayer por la tarde se hizo pipí y mojó el disfraz de Cenicienta que llevaba puesto. Cuando su madre se lo sacó para ponerle ropa seca, se puso a llorar y comenzó a gritar «Cenicienta, Cenicienta». Cuando su madre le negó su solicitud, se tiró al suelo y comenzó a hacer una pataleta. Javiera, por temperamento, siente la rabia muy intensa y además es persistente. Su madre sabe que mientras la intensidad de la emoción no baja, no la puede abrazar ni hablarle mucho, por lo que le dijo: «Sé que tienes mucha rabia, trata de calmarte» (sintonización-reflejo) y se quedó a su lado dándole el espacio físico que necesitaba para calmarse (estrategia de regulación: espacio para calmarse). Javiera gritaba: «Quiero Cenicienta, quiero Cenicienta». Su madre, calmada, la miraba y le decía: «Lo sé, mi amor, pero no se puede» (reflejo-validación-reiteración del límite). Cuando la intensidad de la emoción bajó, Javiera permitió que su madre la abrazara. Ella la sostuvo fuertemente en sus brazos y le dijo: «Ya, mi amor, calma, calma» (estrategia de regulación: abrazo). Dado que a Javiera le cuesta mucho recuperar la calma, la madre se acostó con ella un ratito a ver dibujos animados (cambio foco de atención). Cuando logró calmarse completamente, le dijo: «Mi amor, sé que te dio mucha rabia no poder ponerte el vestido de Cenicienta, que te molesta mucho cuando no puedes hacer lo que querías, pero no siempre se puede hacer lo que uno quiere (reflexión guiada: conocerse a sí misma). Qué bien que te pudiste calmar (refuerzo). Vamos a ver qué vestido te puedes poner (estrategia de regulación: cambio de foco de atención)».

Consideraciones finales

Todos los niños son distintos: Hay algunas ideas importantes que me gustaría volver a mencionar. La primera es que todos los niños son distintos, como también las situaciones que vivimos a diario, y que por esta razón se debe entender el sentido que tiene cada paso del diagrama para poder usarlos en función de lo que nuestro hijo necesita en un momento determinado. En los ejemplos anteriores se puede ver que los pasos no siempre se aplican en el mismo orden, que a veces es necesario volver atrás. Otras veces saltarse uno.

Paciencia y constancia: Para que el diagrama de regulación emocional y los distintos consejos que les he dado tengan efecto, es importante que los apliquen con constancia. A veces los resultados deseados no se consiguen de un día para otro, ya que hay un proceso de aprendizaje de por medio. Sobre todo cuando el niño no está acostumbrado a que lo contengan en el estrés.

Cuando la regulación se hace frecuente, el mismo niño se acercará las veces en que esté desregulado para que lo ayuden a calmarse, al margen de que ustedes hayan sido los responsables de la situación de frustración. Cuando mi hija mayor hacía pataletas, su primera reacción era tirarse al suelo a llorar, pero a los pocos segundos se paraba y buscaba que la abrazara. Mi hija menor también me busca, pero a diferencia de la mayor, después que la intensidad de su emoción baja. La verdad es que es muy bonito poder establecer límites con amor y poder acompañar a nuestros hijos en el proceso de aprender a regular sus emociones y aceptar que no se puede hacer ni tener todo en la vida.

Periodos de mayor sensibilidad: Es importante que sepan que existen periodos en que los niños están más sensibles (y, por tanto, más pataleteros). No porque les haya pasado algo, sino porque están creciendo y en su cuerpo están ocurriendo un sinnúmero de cambios importantes. Estos cambios (la mayoría a nivel cerebral) hacen que los niños estén más vulnerables al estrés y se afecten por cosas que normalmente toleran. También puede ocurrir que se vuelvan regresivos. Esto es, que vuelvan a tener conductas/necesidades de cuando eran más pequeños. Los periodos sensibles, por lo general se dan cuando están próximos a cumplir años, especialmente a los dos y a los tres. Muchos niños incluso vuelven a llorar cuando van a la guardería o cuando sus papás salen a trabajar. Cuando esto sucede los papás se angustian y piensan que algo pasa, cuando muchas veces simplemente su hijo es más mayor, está cambiando y afrontando nuevos desafíos.

El consejo es el siguiente. Siempre que vemos a un hijo más sensible, debemos preguntarnos qué le pasa y observarlo un par de días. Si no encontramos un estresor importante y está próximo a cumplir años, lo más probable es que se deba a que está creciendo y que se le pase a la semana o dos (periodo en el cual debemos tener mucha paciencia y aplicar las estrategias de evitar inteligente). Y si no se le pasa, consultar.

Pataletas de descarga: Los niños a veces hacen pataletas porque necesitan descargar tensión. Y, después de llorar, recuperan energías y se quedan «como nuevos». Esto ocurre especialmente cuando están pasando por momentos difíciles o cambios importantes. Es importante tener esta idea presente, porque muchas veces los padres tratan de que el niño se calme rápidamente, cuando a veces antes de poder hacerlo necesita llorar y descargar lo que le pasa.

Por temperamento, a mi hija menor desde pequeña le han costado muchos los cambios. Cuando entró en el colegio, las primeras dos semanas estaba muy sensible cuando llegaba a casa e hizo un par de pataletas, lo que me llamó la atención porque hacía tiempo que eso no sucedía. Le pregunté a su profesora cómo estaba. Para mi sorpresa, me dijo que estaba excelente, que la veía feliz, que participaba en las clases y que había hecho muchos amigos (digo «para mi sorpresa» porque cuando entró en el parvulario su proceso había sido distinto). Fue en ese momento cuando comprendí por qué hacía pataletas: estaba dedicando tanta energía para estar bien en el colegio, que llegaba agotada a casa y necesitaba descargarse para renovar energía. Necesitaba hacer esas pataletas de descarga. Por lo mismo, cuando las hacía, la dejaba llorar y tirar todo lo que tuviese que tirar. Después de dos semanas, nunca más las hizo.

Evolución de las pataletas: Las pataletas no desaparecen de un día para otro. En la medida que el manejo parental es adecuado y los niños se acercan a los cuatro años, las pataletas van evolucionando. Las ventanas de tolerancia aumentan, lo que hace que se enfaden por menos cosas. Por otra parte, la maduración del hemisferio izquierdo permite que entiendan mejor las razones de por qué no pueden hacer o tener algo. Como mencionamos en el primer capítulo, poco a poco el izquierdo comienza a regular al derecho.

Además, su respuesta emocional se vuelve menos intensa, lo que le permite al niño expresarse de manera más adaptativa y calmarse con mayor facilidad. En vez de tirarse al suelo, ponerse tieso o tirarse para atrás, fruncen el ceño y se cruzan de brazos. En vez de tirar las cosas o pegar, agreden verbalmente (por ejemplo, dicen «ya no te quiero», «mamá fea») o amenazan (por ejemplo, «entonces no voy a ordenar mis juguetes»).

La meta final es que cuando nuestro hijo se frustre exprese lo que le pasa de manera adecuada tanto a nivel verbal como no verbal. Que frunza el ceño y se cruce de brazos, pero que no saque la lengua ni pegue un portazo. Que cambie los «ya no te quiero» por «estoy enfadado» o «no quiero hablar ahora».

Resumen del capítulo 4

Las pataletas son una expresión desregulada de frustración. Se consideran normales y necesarias en la etapa preescolar. El manejo parental, al igual que el temperamento, puede incidir (de manera favorable o desfavorable) en la intensidad y frecuencia de las pataletas, como también en la facilidad o dificultad para calmarse. La adecuada gestión de las pataletas implica que los niños no solo las dejen de hacer, sino que aprendan a regular sus emociones y formas más adaptativas de expresarse y resolver conflictos. El apego seguro propicia las condiciones ideales para estos aprendizajes. Muchas de las pataletas que hacen los niños se pueden evitar. Lo único que hay que hacer es anticiparlas y desplegar estrategias regulatorias. Este proceso se llama «evitar inteligente». Y cuando la pataleta está en curso, se le debe ayudar al niño a recuperar la calma y aprender de la experiencia. Para esto se puede utilizar el diagrama de regulación emocional.

5

Regulación conductual

Paulina es madre de dos preescolares: Diego, de tres años recién cumplidos, y Benjamín, de casi cinco años. Son las cuatro de la tarde y Paulina está estresada porque a esa hora deberían estar en el cumpleaños de su primo y todavía no salen de casa. Los niños corren y no hay manera de que se pongan las zapatillas. Diego no quiere porque quiere ir con sandalias (petición que Paulina rechaza pues hace frío) y Benjamín, a modo de juego, corre por la casa. Paulina, desesperada, comienza a gritar. Está con poca paciencia, los niños se han portado mal desde temprano. Camino a la plaza, Diego se escapó, a pesar de que Paulina le dijo mil veces que permaneciera cerca de ella. En la plaza, mientras columpiaba a Diego, Benjamín fue a jugar con agua, a pesar de que en invierno tiene estrictamente prohibido hacerlo. Quedó empapado y tuvieron que regresar antes a casa. Como se podrán imaginar, Diego no quería volver porque acababan de llegar, por lo que hizo la pataleta del año. Paulina se siente desgastada. No sabe qué hacer. Nunca pensó que ser madre sería tan difícil.

Para muchos padres, lograr que su hijo obedezca, respete normas o se controle, resulta una misión casi imposible. Seguro que muchos se sintieron identificados con el ejemplo de Paulina. La razón es simple: regular la conducta de un preescolar no es nada fácil, y menos de un preescolar pequeño.

Como vimos en el primer capítulo, esta primera etapa preescolar se caracteriza por ser una de las que tiene mayores necesidades de autonomía. Los preescolares pequeños necesitan sentirse independientes, capaces y distintos de uno. Necesitan probarse a sí mismos y a otros que son grandes y que pueden desenvolverse solos. Por eso se enfadan tanto cuando uno hace por ellos algo que querían hacer por sí mismos (como poner la pajita en el zumo, sacarle la tapa al yogur o tocar el timbre).

Estas necesidades de autonomía dificultan de manera significativa la regulación conductual. De hecho, muchas veces los niños a esta edad se niegan a hacer las cosas, no porque no quieran hacerlas, sino porque necesitan poner distancia entre su voluntad y la nuestra.

Por si fuese poco, además de estas necesidades de autonomía e individualización, los preescolares no cuentan con la madurez suficiente para regular su conducta. Recordemos que las estructuras cerebrales implicadas en la regulación conductual comienzan a desarrollarse a los dos años de edad, por lo que los niños en esta etapa cuentan con cierta capacidad regulatoria, pero necesitan de la ayuda de sus cuidadores para hacerla efectiva.

Esto cambia de manera significativa la forma en que vemos la crianza y establecemos límites. Muchas veces esperamos o exigimos que los niños hagan cosas que no son capaces de hacer. Ahora sabemos que si queremos que nuestros hijos regulen su conducta, necesitan nuestra ayuda. Que más que esperar que obedezcan, debemos ayudarlos a obedecer.

Mi objetivo en este capítulo es guiarlos y entregarles herramientas que les ayuden a cumplir con esta tarea. Vamos a empezar definiendo lo que es «regulación conductual», cómo se desarrolla y qué pasa en los años preescolares, para luego ver cómo llevarla a la práctica.

¿Qué es la regulación conductual y cómo se desarrolla?

La regulación conductual es el proceso mediante el cual uno controla y/o dirige la propia conducta con el objetivo de alcanzar una meta o responder de manera adaptativa ante una demanda específica. Por ejemplo: apagar la televisión para ir a preparar la comida, ahorrar dinero para un regalo, comerse una manzana en vez de una chocolatina, llegar a la hora al colegio, regular la rabia para no gritar, etc.

La regulación conductual se desarrolla entre los dos y los dieciocho años. Al igual que otros procesos, su desarrollo es gradual y depende tanto de factores biológicos (temperamento y maduración del sistema nervioso), como ambientales (crianza).

Con el tiempo, y en la medida que el cerebro va madurando, el niño va gradualmente internalizando los límites que le establecemos como patrones internos reguladores de la conducta. Se espera que a finales de la adolescencia el niño sea capaz de autoimponerse límites, sin necesidad de que otro lo haga por él.

Los años preescolares constituyen un periodo sensible para el desarrollo de la regulación conductual. Esto quiere decir que las estructuras cerebrales encargadas de dichos procesos evolucionan de manera significativa en esta etapa, y que el cerebro nunca estará tan abierto como en ese momento a la experiencia del medio.

En la etapa preescolar los niños necesitan que los ayudemos a aprender a controlar sus impulsos, respetar límites y hacer aquellas cosas que deben hacer pero que no quieren hacer, ya sea porque les resultan poco motivadoras o poco agradables (como, por ejemplo, ordenar los juguetes, dejar el uniforme en la silla). Estos aprendizajes les permitirán enfrentarse con éxito a las demandas de la etapa escolar.

Regulación conductual en la etapa preescolar

1. Aprender a controlar impulsos

2. Aprender a respetar límites

3. Hacer aquellas cosas que no quiere hacer pero debe hacer

En mi opinión, muchos de los niños que actualmente son diagnosticados con déficit atencional, en verdad no padecen ningún trastorno. Simplemente, tienen un cerebro inmaduro y habilidades de regulación conductual precarias por no haber recibido la experiencia adecuada en los años preescolares. Pero, lo maravilloso del desarrollo es lo que se le puede otorgar después, aunque será un proceso más largo y difícil.

¿Qué esperar de un preescolar pequeño y de un preescolar grande?

Ya hemos hablado de los preescolares pequeños y grandes. Es probable que ya se imaginen lo que pasa en estos años.

La regulación conductual es todo un desafío con los preescolares pequeños por sus necesidades de autonomía e inmadurez cerebral. Cuando uno les establece un límite o trata de que hagan algo que no quieren, con frecuencia responden con oposicionismo o llanto.

Pero, si bien es difícil, no es imposible. Hay que tener paciencia y usar mucho las estrategias de evitar inteligente. **Cuanto más pequeño es el niño, más regulación ambiental necesita.**

Llegando a los cuatro años, ocurren cambios importantes. Hemos visto que los niños logran razonar mejor, tienen menos necesidades de autonomía y control (y, por tanto, de oponerse), se enfadan menos y logran gestionar un poco mejor sus emociones. Todo esto facilita de manera significativa la regulación conductual. No obstante, necesitan de nuestra ayuda.

¿Cómo se ayuda a un preescolar a aprender a regular su conducta?

Para que un preescolar pueda aprender a respetar normas, controlar sus impulsos y hacer aquellas cosas que debe hacer pero no quiere, necesita que sus cuidadores lo ayuden a organizar su conducta proveyéndole un orden externo (**rutina**); lo ayuden a ver qué es lo que se espera de él y cuándo su conducta deja de ser aceptada (**límites**); y aprender que las acciones tienen consecuencias y que es responsable de ellas (**aprendizaje por consecuencias**).

Cómo ayudar a un preescolar a aprender a RC

1. Rutina

2. Límites

3. Aprendizaje por consecuencias

No da lo mismo la forma en que hacemos esto. Si quiero que mi hijo tenga un adecuado desarrollo socioemocional, de nada sirve que respete un límite a golpes o a punta de humillaciones. Por lo tanto, la regulación conductual debe ser coherente con nuestros objetivos finales: fomento de apego seguro y desarrollo socioemocional. Esto es lo novedoso y una de las grandes aportaciones de este libro.

Para que la regulación conductual fomente **apego seguro**, debe ser coherente con los principios que vimos en el primer capítulo. Debemos tratar que sea lo menos estresante posible para nuestro hijo. Esto no significa darle gusto o no establecerle límites, sino considerar su edad y necesidades, generar condiciones que faciliten y favorezcan la regulación conductual y ayudarlo a cumplir con lo que le pedimos. Pero más importante aún es contenerlo si se estresa en el proceso de regulación (por ejemplo, si se echan a llorar porque no los dejamos salir sin abrigarse). Recordemos que la regulación del estrés es la base del apego seguro.

En cuanto al **desarrollo socioemocional**, la regulación conductual debe apuntar al desarrollo de la autodisciplina y de la autorregulación. Es decir, que los niños, en la medida en que vayan creciendo, sean capaces de regular su conducta por sí mismos. Debemos preocuparnos de que el niño aprenda que es responsable de sus acciones, que puede evitar una consecuencia si regula su comportamiento y que, para lograr metas, a veces es necesario controlarse, esforzarse y/o postergar satisfacciones inmediatas.

Plan de acción

Propongo un plan de acción para llevar a la práctica lo anteriormente expuesto. En primer lugar, generar condiciones que favorezcan la regulación conductual. Se ha demostrado que existen factores que nos permiten tener más paciencia y que aumentan la receptividad y cooperación en los niños. Si queremos generar el menor estrés posible y ayudar a los niños a cumplir con lo que les pedimos, estos factores se vuelven esenciales.

En segundo lugar, que tanto la rutina como los límites que establezcamos deben cumplir con ciertas características para ser coherentes con nuestros propósitos.

Y, finalmente, ayudar a nuestros niños a cumplir con lo que les pedimos. Entendemos que están aprendiendo a regular su conducta y, como cualquier otro aprendizaje, necesitan que los acompañemos, alentemos y apoyemos cuando se caen.

Plan de acción

Condiciones que favorecen la regulación conductual

Rutina y límites nutritivos

Ayudar a cumplir lo que pedimos

Apoyar y supervisar aprendizaje
por consecuencias

Teniendo como marco de referencia promoción de apego seguro
(principios de apego seguro) y desarrollo socioemocional (autodisciplina)

Condiciones que favorecen la regulación conductual

Uno de los grandes problemas en la crianza es que a veces tratamos que nuestros hijos aprendan, cambien o hagan algo, pero no contamos con las condiciones necesarias para que lo logren. Por ejemplo, queremos que aprendan a dormir en su cama y los pasamos justo cuando nace un hermano.

Por lo mismo, tanto en la consulta como con mis hijas, he trabajado mucho en lograr condiciones idóneas o mínimas que favorezcan lo que queremos lograr. A continuación les contaré qué condiciones ayudan a la regulación conductual.

Conexión: A lo largo del libro hemos visto que los niños necesitan sentirse conectados a sus cuidadores. Y cuando eso no es posible, al menos sentir que están disponibles en caso de que los necesiten.

Se ha comprobado que cuando los niños tienen esta necesidad satisfecha, se sienten más tranquilos y les cuesta menos cooperar y obedecer. De hecho, hay una investigación[18] que me llamó mucho la atención: se vio que cuando los padres estaban con el ordenador o el móvil, los niños se portaban tres veces peor de lo que se comportan cuando sienten a sus padres cerca y disponibles. ¡Sorprendente!

Les voy a contar algo que me ocurre a menudo en la consulta y que ejemplifica esto. La primera entrevista siempre la hago solo con los padres, pero cuando no tienen con quién dejar a los niños, los llevan. Y a pesar de que mi oficina es el paraíso de los juguetes, los niños no duran más de 15 o 20 minutos tranquilos. Se aburren, se frustran y se quieren ir. La razón es simple: no estamos pendientes de ellos. Por el

[18] <https://www.zerotothree.org/resources/383-5-myths-about-young-children-and-screen-media-infographic>.

contrario, cuando van y les ofrezco toda mi atención y tiempo, no se quieren ir. De hecho, la mayoría de las veces me cuesta mucho cerrar la sesión. Los juguetes son los mismos, lo único que cambia es la conexión y disponibilidad.

En función de esto, podríamos concluir que cuanto más presentes y conectados estamos con nuestros hijos, más fácil es ayudarles a regular su conducta. El secreto está en que la conexión les da tranquilidad y aumenta su receptividad y cooperación. En el último capítulo doy ideas de cómo lograr esta conexión.

Sé que a veces tenemos poco tiempo, pero por los múltiples beneficios que tiene, conviene hacer el esfuerzo. Especialmente si no los hemos visto, ya sea por trabajo o porque salimos. Antes de pedirles algo o partir con la rutina, conviene conectarnos con ellos. Les aseguro que diez minutos de juego y/o afecto bastan para marcar la diferencia.

Evitar inteligente: En el capítulo anterior vimos que cuantas menos pataletas hace un niño, más fácil es regularlo, ya que en cada pataleta tanto él como nosotros perdemos energía y paciencia.

Para lograr esto podemos anticiparnos a posibles situaciones de estrés y desplegar estrategias que eviten que el niño haga pataletas. En relación a eso revisamos 12 estrategias: regulación fisiológica, adecuación contextual, elección estratégica de la batalla, uso del juego, uso del humor, negociación y alternativas, ajuste de expectativas, asociación de algo positivo, sí aceptable, reflejo genuino y cambio de foco de atención.[19]

El poder regulador de estas estrategias radica en que consideran las necesidades de los niños y evitan que se frustren en

[19] Si no leíste el capítulo anterior, antes de seguir te recomiendo leer el apartado «Evitar inteligente» en el cuarto capítulo.

exceso, lo que facilita que acepten y respeten los límites que les establecemos.

En el fondo, evitar inteligente ayuda a los niños a regular su conducta. Impide que pasemos de gallito en gallito, que andemos todo el día insistiendo que hagan (o dejen de hacer) algo. Que lleguemos al final del día exhaustos y nuestros niños llorando por cualquier cosa.

Evitar estrés y rencillas es especialmente importante con preescolares con rasgos de personalidad obsesivos, ya que sus necesidades de control en estos años tienden a ser más intensas que el promedio. Y cuantas más rencillas tengamos, mayor será su oposicionismo.

> Julieta tiene tres años y dos meses. Es una niña muy inteligente, intensa y obstinada con sus ideas. Por lo mismo, cuando sus padres le establecen límites ella se frustra mucho, por lo que hace pataletas y pelea. Le pedí a los padres que hicieran un registro de las pataletas que hacía en una semana. En mis registros siempre pido que escriban la hora en que se acuesta y levanta. Lo primero que observé es que se estaba acostando muy tarde. Ella dormía con sus padres, por lo que en general se dormía a la hora en que ellos se acostaban. Y coincidía que los días más pataleteros era cuando se acostaba tarde el día anterior. Por lo mismo, la primera estrategia evitar inteligente que usamos fue regulación fisiológica. Diseñamos una nueva rutina que asegurara sus horas de sueño. Otra cosa que descubrimos, es que discutían mucho por las mañanas por la ropa. En general, no quería ponerse lo que sus padres le elegían y había días en que ella quería vestirse sola y otros, que la vistieran. Nos dimos cuenta de que una de las razones por la que esto pasaba (además del sueño) era que Julieta necesitaba tiempo para despertarse. Entonces, ahora que se estaba durmiendo más temprano, la podían despertar un poco antes para darle ese espacio de transición y mimos (regulación fisiológica, conexión).

Otra cosa que hicimos fue dejarla elegir su ropa el día anterior. Vimos que era más importante la calma en el hogar a que su hija fuese conjuntada (elección estratégica de la batalla). Para evitar que eligiese ropa desabrigada, jugaban a que Julieta era experta en clima y en función del pronóstico ella tenía que aconsejar qué ropa escoger (uso del juego). El padre al principio no estaba muy de acuerdo con estas dos últimas estrategias, ya que decía que no había que preguntarle tanto, que su hija debía ponerse lo que los papás le dijeran y punto. Pero al explicarle que su hija tenía rasgos de personalidad que hacían que los años preescolares fuesen más difíciles de lo normal y que el uso de estas estrategias no solo permitía que hubiese más tranquilidad, sino que al final del día Julieta satisficiera sus necesidades evolutivas y a la vez sintiese que era capaz de hacer lo que sus padres le pedían, accedió. Lo bueno es que con los cambios que hicimos las cosas fueron mucho mejor.

Autocuidado: Cuando estamos sobrepasados o pasando por un momento difícil, cuesta mucho ayudar a los niños a regular su conducta. Independientemente de cuántos libros nos leamos, en la práctica corremos el riesgo, dependiendo de nuestra personalidad, de descontrolarnos, dejar pasar cosas importantes, o ponernos rígidos o exigentes.

También ocurre que cuando nosotros andamos mal, los niños lo perciben. Es como si tuvieran un minirradar para evaluar nuestros estados emocionales.

Por estas razones, si queremos tener la paciencia que requiere emplear evitar inteligente y ayudar a nuestros hijos a regular su conducta, debemos cuidarnos, tener espacios para descansar, para distraernos. Además, tener una buena red de apoyo y recibir ayuda profesional de ser necesario.

Rutina nutritiva

Las rutinas generan condiciones que favorecen de manera significativa la regulación conductual. Además de estructurar el día, contener la experiencia del niño y regular su fisiología, ayudan a que haga aquellas cosas que no quiere hacer o que le resultan poco motivantes. Las rutinas son mágicas.

Esta es una de las razones por las cuales los niños tienden a portarse mejor en la guardería que en casa. Si ponen atención, se darán cuenta de que en las guarderías cuentan con una rutina para casi todas las actividades que hacen: para el saludo inicial, para trabajar, para ordenar, para salir al recreo, para lavarse las manos, para ir al baño, para almorzar, para la siesta y para despedirse.

El poder de las rutinas se debe a que tienen tres propiedades regulatorias:

Tienen el poder de convertir una actividad poco agradable o poco motivante en un hábito: Cuando los niños hacen lo mismo todos los días, se acostumbran y terminan haciendo las cosas casi de manera mecánica. Es como si no existiese la opción de no hacerlo y, por tanto, la posibilidad de oponerse.

En el caso contrario, cuando uno deja de hacer la rutina, el hábito se pierde y la conducta deseada vuelve a ser un problema. Recuerdo el caso de Valentina, una hermosa niñita de tres años recién cumplidos:

A comienzos de invierno, Valentina se contagió con el virus sincitial, razón por la cual estuvo muy enferma. Sus padres, estresados con lo acontecido, tomaron todas las medidas necesarias para que no volviera a enfermarse, dentro de las cuales estaba no bañarla todos los días. Lo que no imaginaron fue que al poco tiempo de implementar esta medida,

Valentina comenzó a hacer pataletas cada vez que la tenían que bañar. Por esta razón y por otras, decidieron consultar. Les expliqué que Valentina había perdido el hábito de bañarse todos los días. Que a sus ojos, bañarse se había transformado en una opción. Algo así como «qué lata bañarme hoy, mejor me baño mañana». Si estaba entretenida en otra cosa... ¿por qué tendría que bañarse? Cuando los padres comenzaron a bañar a Valentina todos los días, poco a poco retomó el hábito y dejó de hacer pataletas.

Permiten que el día a día sea predecible para los niños: Los niños preescolares no tienen el mismo desarrollo cognitivo que nosotros. Por etapa evolutiva, les cuesta pensar, entender y ubicarse en el tiempo (especialmente en el futuro). Se habrán dado cuenta de que cuando uno les dice «mañana iremos al parque», al rato preguntan si ya es mañana. O cuando intentamos explicarles que faltan meses para su cumpleaños o Navidad. El no poder pensar y situarse en el tiempo los confunde y les genera ansiedad. Imaginemos por un segundo lo que puede ser un día o un mes si no tenemos noción del tiempo. Sin duda, un verdadero caos.

Las rutinas, de alguna manera, compensan esta limitación evolutiva. Tener horarios y actividades estables les permite a los niños predecir qué va a pasar. Quizá no saben qué hora es, pero saben que después de cenar viene el baño y que después del baño llega papá. Esto los contiene, les da tranquilidad y sensación de control. Es tan importante para los niños, que se ha visto que cuando no cuentan con rutinas adecuadas, intentan ordenar y controlar su ambiente a través de conductas problemáticas.[20]

---

[20] J. Arvidson, K. Kinniburgh, K. Howard, J. Spinazzola, H. Strothers, M. Evans, B. Andres, C. Cohen, y M. Blaustein, «Treatment of complex trauma in young children: Developmental and cultural considerations in application of the ARC intervention model», *Journal of Child and Adolescent Trauma*, 4, 1 (2011), pp. 34-51.

Que el ambiente sea predecible les permite, además, prepararse conductual y mentalmente para hacer algo que no les gusta. Por ejemplo, si a un niño le apagan sorpresivamente el televisor para irse a dormir, seguro que protestará. Pero si sabe que tiene que acostarse cuando termine *La Casa de Mickey Mouse*, lo más probable es que su actitud sea distinta: va a estar preparado para ello y le va a costar menos aceptar que su madre apague el televisor. Quizá hasta él mismo lo apague solo.

Esto es especialmente importante con niños que por temperamento son persistentes o les cuestan los cambios. En el caso de los niños persistentes, si le apagan el televisor en la mitad del capítulo, lo más seguro es que se frustren mucho y peleen por terminar lo que estaban viendo. Y después de esta batalla, no va a ser fácil que se duerman. En el caso de los niños que reaccionan mal ante los cambios o transiciones, saber con anticipación lo que va a ocurrir evita el factor sorpresa y, por tanto, su reacción de estrés.

Favorecen la regulación fisiológica de los niños (la regulación de los estados corporales, como el hambre, el sueño y/o el cansancio): Creo que todos hemos sido testigos de que cuando alguna de estas necesidades no está satisfecha, nuestros niveles de tolerancia disminuyen y nos cuesta el doble (y a veces hasta el triple) cumplir con lo que debemos hacer.

Esto mismo le pasa a los niños, pero en mayor magnitud que a nosotros. Debido a que su sistema nervioso es más inmaduro, dependen más de sus estados corporales para estar tranquilos y funcionar bien.

Vicente va a cumplir cuatro años. Su madre consulta porque está muy desobediente y pataletero. Al evaluar el caso, me di cuenta de que una de las razones por las cuales estaba así era porque no dormía bien. Cuando le pregunté a la madre por los hábitos de sueño me respondió: «A veces duerme siesta a las 13.00, otras veces a las 17.00. Por la noche lo acostamos cuando ya no da más. Eso puede ser a cualquier hora entre las 21 y las 23 horas. Va a depender de si durmió siesta o no». Como podrán imaginar, lo primero que hice fue crear, en conjunto con los padres, rutinas para regular su sueño. A las dos semanas ya se veían cambios importantes en la conducta y en su actitud. Sus pataletas disminuyeron en un 50 por ciento y fue más fácil regular su conducta.

Además de la satisfacción oportuna de las necesidades fisiológicas, las rutinas también permiten regular los ritmos biológicos de un niño (por ejemplo, que tenga sueño o hambre siempre a la misma hora). Esto es especialmente beneficioso para niños que tienen ritmos biológicos más irregulares y que les cuesta, por ejemplo, quedarse dormidos. La rutina actúa como una estructura externa que regula el organismo del niño. Quisiera aclarar que los niños que son por temperamento muy irregulares, no se atienen mucho a las rutinas. No obstante, el que haya un orden externo (estable y predecible), los ayuda a gestionar de la mejor manera su desorden interno. Quizá no cumplirán horarios como los niños más regulares, pero sí se ordenarán. Por ejemplo, después del baño las luces se bajan, se hacen actividades tranquilas, se hace el mimoso con sus papás y se va a dormir (independientemente de que la hora de dormir no sea la misma todos los días).

Recomiendo, por tanto, que los niños tengan rutinas, especialmente para aquellas tareas y actividades que les resultan poco atractivas. Recordemos que nuestra meta es desplegar estrategias para ayudarlos a hacer aquellas cosas que deben hacer, pero no quieren. Y en este escenario, las rutinas se vuelven indispensables.

Pero no sirve cualquier rutina. Para que una rutina realmente regule la conducta de un preescolar, debe cumplir con las propiedades reguladoras que acabamos de ver. Para ello, recomiendo lo siguiente:

• Considerar las características idiosincráticas del niño: Este es uno de los requisitos más importantes. Las rutinas no son replicables en todos los niños, ya que no hay ninguno igual a otro. Hay algunos, por ejemplo, que necesitan dormir menos horas que el promedio. Estos niños, por más que queramos, no van a lograr dormirse temprano. Y esto es algo que se debe considerar a la hora de diseñar una rutina. He visto en consulta un niño que se acuesta más tarde que el promedio y su madre se había dado cuenta de esto por su propia cuenta. Me dijo que había estado mucho tiempo intentando que su hijo se durmiera temprano, pero que al no conseguirlo y ver que su hijo al día siguiente estaba bien, se había resignado a acostarlo más tarde. Muy asertiva.

• Organizarse en base a las necesidades del niño, más que a las necesidades domésticas o laborales: Recuerdo el caso de una paciente de tres años. Los padres llevaron a Paula a consulta porque era muy pataletera y no sabían qué hacer. Su drama era que les hacía más pataletas a ellos que a la canguro. Entonces querían saber si eso era normal, si estaban haciendo algo mal o acaso era la canguro. Si bien es cierto que los niños se hacen más los remolones con sus padres (especialmente con la madre), había otras variables en juego. Una variable importante era que la canguro la hacía dormir la siesta a las 10.00 de la mañana para poder limpiar y ordenar la casa, y tener todo listo cuando ella se despertara. El problema de esta siesta era que cuando llegaban los padres a las 18.30, Paula estaba muerta de sueño, irritable y sin ganas de hacer nada. Una de las primeras intervenciones que hicimos fue cambiar los horarios de sus hábitos y rutinas. Específicamente, que comiera más temprano y durmiera la siesta después de la comida. Estos cambios permitieron que Paula estuviese fisiológicamente más regulada a la hora que llegaban los padres y, por lo tanto, más tolerante, dócil y contenta.

• Incluir actividades de transición: Se ha visto que a los niños les cuesta pasar de una actividad placentera a una displacentera, por lo que se recomienda incluir dentro de la rutina una actividad intermedia que facilite la transición entre ambas actividades. Por ejemplo, si un niño está montando en bicicleta (actividad placentera), antes de pedirle que se bañe (actividad displacentera), déjelo jugar un rato con sus coches (actividad intermedia). Esto facilita que el niño tenga una mejor disposición a hacer aquello que le resulta poco atractivo. Las actividades de transición también sirven cuando uno quiere que un niño pase de una actividad de mucha estimulación a una de baja. Tengo como paciente a un niño que tiene problemas para quedarse dormido. Todas las noches Carlitos espera a que su padre llegue del trabajo para jugar. Dentro de los juegos está pelear, pillarse y saltar en la cama. Cuando son las 21.30 en punto, la madre lo llama para acostarlo. Por supuesto, Carlitos no quiere dormirse. Cuando finalmente logran acostarlo, le cuesta quedarse dormido. No solo porque está físicamente activado, sino porque además está molesto con la situación. La solución a este problema no está en eliminar el único espacio que tiene Carlitos con su padre, sino en incluir dentro de la rutina una actividad de transición que lo ayude a irse acostar y conciliar el sueño.

• Incluir señales ambientales: Para potenciar la predictibilidad de las rutinas, los niños necesitan señales ambientales claras y estables que marquen y comuniquen el paso de una actividad a otra. Ya mencionamos que los niños a esta edad no controlan bien los tiempos, y menos aún los horarios. Por lo que si queremos que la rutina les resulte predecible, más que horarios, necesitamos señales. Para un niño de cuatro años, es mucho más fácil entender que tiene que acostarse cuando termina *La casa de Mickey Mouse* que comprender que debe hacerlo a las 20.30. Ahora bien, esto no significa que no haya que tener horas, todo lo contrario: los horarios son para nosotros. Para los niños no tienen sentido. Ellos se guían más por claves ambientales. Esto explica por qué les puede resultar angustiante despertarse cuando aún está oscuro, aun cuando lleven meses despertándose a la misma hora.

• Incluir espacios afectivos: El motor de todo niño es el cariño de sus padres. Por esta razón, recomiendo que dentro de las rutinas incorporen espacios o actividades afectivas, como acariciar, hablar de lo que pasó durante el día, decirse cosas bonitas, etc. Dado que estos espacios afectivos son predecibles y estables, adquieren un valor mayor a una simple demostración de cariño. Comienzan a ser un ritual en la relación, lo que la enriquece enormemente. Por ejemplo, cuando acuesto a mis hijas, les doy el superbeso de buenas noches, que las protege de tener pesadillas y las ayuda a dormir mejor. Ellas lo esperan, lo piden y lo disfrutan.

• Incluir actividades placenteras y/o divertidas en las rutinas: El juego y el humor aumenta la conexión con nuestros hijos, pero además nos permite ayudarlos a hacer cosas que no quieren hacer, como lavarse los dientes u ordenar. Por lo mismo, resulta muy útil incluir actividades lúdicas en las rutinas, especialmente cuando queremos implementar un hábito. Les doy un ejemplo. Con mi hija menor me costó mucho instalar el hábito de lavarse los dientes. Cuando escuchaba la palabra «dientes» se ponía a gritar «no quere, no quere» y cerraba fuertemente su boca. Si la obligaba a lavarse los dientes a la fuerza, se ponía a llorar y la escena se volvía el doble de estresante, tanto para ella como para mí. Para hacerlo más fácil, se me ocurrió incluir actividades que le resultaran divertidas, como lavarle los dientes a su peluche Mike Wazowski o jugar a adivinar lo que había comido durante el día. Estrategias de este tipo, además de motivar al niño a realizar la rutina, desvían su atención de lo que le resulta desagradable (lavado de dientes) hacia lo que le resulta agradable (jugar).[21] Una vez que el niño se acostumbra a la rutina, muchas de las actividades que usamos al comienzo dejan de ser necesarias, mientras que otras se mantienen. En mi caso, por ejemplo, la única actividad que mantuvimos durante un tiempo fue el juego de adivinanzas. No porque le costara lavarse los dientes, sino porque pasó a ser un ritual entre nosotras.

• Orden estratégico: Para que la rutina ayude a regular la conducta de los niños, no da lo mismo el orden en que hacemos las cosas. Ya mencionamos que a los niños les cuesta pasar de una actividad placentera a una que no les gusta tanto. Por ejemplo, si el niño ve televisión antes de bañarse, obviamente le va a costar ir a bañarse. En este caso, estratégicamente conviene que la televisión venga después del baño.

• Equilibrio entre estabilidad y flexibilidad en la implementación: Para desarrollar un hábito, se recomienda hacer lo mismo todos los días en los mismos horarios. Pero hay que tener cuidado con esta recomendación. Conozco padres que se vuelven histéricos tratando de hacer siempre todo a la misma hora. Esto, en vez de regular a los niños, los estresa. Traten de tener horarios estables, pero si se atrasaron 10 o 15 minutos porque estaban entretenidos en la plaza, no pasa nada. Si un

---

[21] Al incluir actividades placenteras estamos implementando las siguientes estrategias de evitar inteligente: uso del juego, cambio foco de atención y asociación de algo positivo.

día el niño se acostó con ropa, tampoco pasa nada. Recordemos lo importante que es la adecuación contextual y la elección estratégica de la batalla que vimos en evitar inteligente.

A continuación, les doy un ejemplo de rutinas reguladoras para la alimentación, la higiene y el sueño:

Benjamín tiene tres años y dos meses. Se despierta solo alrededor de las 7.00 y corre a la cama de sus padres. Junto a ellos se toma su leche y mimosea un rato (espacio afectivo). Cuando la mamá está lista, van juntos a elegir su ropa. Su madre, sin dejarlo solo, lo motiva a vestirse solo. Cuando están todos listos, lo lleva a la guardería. Llega de la guardería a comer alrededor de las 13.00. Come siempre en la cocina en compañía de su madre. Cuando termina de comer, se lava los dientes y duerme una siesta de una hora. Cuando no se despierta solo, lo despiertan, porque si duerme más le cuesta conciliar el sueño por la noche (necesidad del niño/regulación fisiológica). Toma su leche a las 15.30 y juega toda la tarde. El papá lo lleva a jugar un rato al patio cuando llega del trabajo (actividad lúdica, señal ambiental). Pero para salir, Benjamín sabe que debe tener su habitación ordenada (orden estratégico). La mamá le dice «falta poco para que llegue tu papá, así que ordenemos para que estés listo. Yo te ayudo». Para facilitar la tarea del orden, tiene cajas grandes donde guardar sus cosas y cantan «a ordenar, a ordenar, cada cosa en su lugar». A las 19.30 le dan su cena. Tras reposar, lo bañan. Cuando entra al baño, apagan las luces de la habitación para comenzar con la rutina de sueño (señal ambiental). A Benjamín le encanta el baño, pero sale sin mayores problemas porque no se pierde la serie animada *Jake y los Piratas de Nunca Jamás* que dan a las 20.30 (actividad placentera, orden estratégico). Cuando termina esta serie (señal ambiental), se apaga la TV y sabe que es hora de lavarse los dientes e irse a su habitación a dormir. Su madre lo acompaña al baño y mira cómo se lava los dientes. Luego, se van juntos a la habitación, se acuesta con él y le lee un cuento (espacio afectivo). Cuando termina el cuento, por lo general ya está dormido. Pero cuando no es así, le hace caricias un rato, le da el beso de buenas noches y se va.

Es importante mencionar que cuando uno establece una rutina puede tardar dos semanas hasta que el niño se acostumbre a ella. Por lo mismo, es importante ser consistentes, pacientes y perseverantes.

Te invito a diseñar una rutina reguladora para tus hijos.

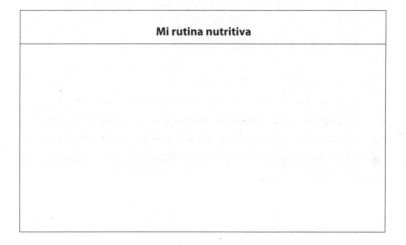

Mi rutina nutritiva

Límites nutritivos

Existen dos tipos de límites: aquellos que son estables y conocidos de antemano (que de ahora en adelante llamaremos «normas») y aquellos que se crean y/o establecen en un momento determinado (que de ahora en adelante llamaremos «límites del momento»).

Hago esta distinción porque, si bien son muy similares, tienen algunas diferencias y para ayudar a nuestro hijo a regular su conducta necesitamos aplicar ambos tipos de límites.

Normas

Una de las formas más simples y efectivas de establecer un límite a través de una norma. Su poder regulador radica en que es un límite estable y conocido de antemano, lo que permite que el niño sepa lo que se espera de él y pueda por tanto regular su conducta hacia un comportamiento deseado.

Por alguna razón, hoy en día la palabra «norma» se relaciona con autoritarismo o disciplina punitiva, cuando en verdad es solo un límite estable. Lo que puede variar es el tipo de norma o la forma en que las hacemos valer. Pero las normas en sí no son malas, todo lo contrario. La vida está llena de normas que regulan nuestro comportamiento y permiten que vivamos en sociedad. Imagínense lo que sería conducir sin leyes de tránsito, no hacer cola en un banco, separarse sin un acuerdo legal, etc. Un verdadero caos.

Para que una norma promueva un adecuado desarrollo socioemocional y apego seguro, se debe crear, establecer y hacer valer bajo ciertas características.

Deben ser adecuadas a la edad, características y necesidades del niño: De la misma manera que no se le puede pedir a un recién nacido que hable, no se le puede pedir a un preescolar que se controle o comporte como un adulto, porque no cuenta con la madurez suficiente.

Carolina tiene apenas tres años y sus padres le exigen que coma bien en la mesa. Esto significa que use bien los cubiertos, coma con la boca cerrada, no tire comida fuera del plato y no se manche la ropa. Todos los días, cuando la llaman a comer, Carolina se pone nerviosa. Y cuando están comiendo, si se le cae un poco de comida o se mancha un poco su ropa, antes de que le regañen se pone a llorar con mucha angustia. En general, cuando esto ocurre, también le regañan por el llanto, porque no es adecuado hacer pataletas en la mesa.

En el ejemplo, se puede ver que cuando una norma no es adecuada para la edad del niño, más que regularlo, lo estresa. Y esto es justamente lo que queremos evitar.

Lo mismo ocurre cuando no se consideran las características del niño. La niña del ejemplo era muy inquieta (tenía hiposensibilidad propioceptiva), por lo que le resultaba imposible no moverse, no cambiarse de posición, incluso no pararse. Les doy otro ejemplo.

Martín, de seis años, era muy olvidadizo. Su madre, ya cansada de que dejara las cosas en el colegio, estableció la norma de que para ver televisión tenía que traer todo lo que necesitaba ese día. Y la verdad es que Martín estaba lejos de poder cumplir con eso.

Cuando un padre establece de manera reiterativa normas poco adecuadas, corre el riesgo de que su hijo (dependiendo de su temperamento) tarde o temprano se rebele, aprenda que es incapaz de cumplir con lo que se le pide (que hace todo mal) o a controlarse de manera rígida y excesiva. Cualquiera de estas alternativas son poco sanas para el desarrollo socioemocional que buscamos en tanto dañan la autoestima y sensación de autoeficacia de manera significativa. En el caso del niño que se rebela, es probable que se sienta poco capaz y valioso, y que esconda estos sentimientos de inseguridad detrás de su rabia contra la autoridad. En el caso del niño que se sobrecontrola, es probable que sienta que es valorado y querido en la medida que cumple con las expectativas del resto, no quedándole otra alternativa más que la complacencia y la anulación de sus propios deseos y necesidades.

Para poder cumplir con este punto, además de fijar nuestra vista en la capacidad de los niños, también debemos fijarla en nosotros mismos. Los invito a preguntarse: ¿Son adecuadas las normas que establezco en mi casa? ¿Son adecuadas las expectativas que tengo acerca de cómo debería comportarse mi hijo? ¿Mis niveles de exigencia son los que corresponden? ¿Por qué podría estar exigiéndole tanto?

Son varias las razones por las cuales los padres les exigen a sus hijos más de lo que corresponde. Las más frecuentes, a mi juicio, son: porque desconocen las características de la etapa del desarrollo del niño (y, por tanto, sus capacidades reales); porque a ellos les exigieron eso de niños y están repitiendo un patrón; porque tienen características obsesivas que los hacen valorar sobremanera el orden y la limpieza; porque están sobrepasados y/o porque temen que sus hijos cometan sus mismos errores o que cuando crezcan se vuelvan adolescentes incontrolables («Si son así ahora, imagínate cómo van a ser después»). También ocurre mucho que cuando hay más de un hijo los padres establecen una norma que es adecuada a la edad de uno, pero no a la edad del otro. Para que se den cuenta de esto yo les pregunto si al hermano mayor, cuando tenía la edad del menor, le exigían lo mismo, y la mayoría de las veces me dicen que no.

La mejor forma de saber si es adecuado o no lo que estamos pidiendo, es ver si nuestro hijo es capaz de cumplir con lo que le solicitamos. Si vemos que por más que se esfuerza no logra cumplir con lo requerido, entonces debemos eliminar o modificar la norma.

A modo de ejemplo les voy a contar algunas normas de mi casa: se pinta en la mesa, en la semana después de cenar ya no se juega (se bañan y duermen), pueden jugar 20 minutos en el ordenador o el móvil después de comer, para luego lavarse los dientes, y los fines de semana cada uno hace su cama.

Deben ser claras y precisas: Para que un preescolar respete una norma debe entenderla. Por ello, debemos preocuparnos de que esté planteada en un lenguaje claro para su edad.

Las normas deben explicitar de manera clara y directa lo que es aceptado y lo que no es aceptado. Por ejemplo: «Se pinta en la mesa», «la basura se tira en el cubo», «se sale a jugar después de hacer los deberes». Normas vagas del tipo «portarse bien» no sirven, en tanto no dejan claro cuál es la conducta que esperamos y generan errores de comunicación. De partida, porque podemos tener una idea distinta de lo que es portarse bien. Por ejemplo, el niño puede creer que portarse bien es comerse toda la comida y para nosotros ordenar los juguetes. En este caso, por más que el niño se esfuerce por portarse bien (comerse toda la comida), igual recibirá una regañina porque no ordenó sus juguetes. Esto resulta confuso e irritante para el niño (hizo su mejor esfuerzo y nadie se dio cuenta. Por si fuese poco, le regañan).

También es importante que sean concretas. Si se fijan en los ejemplos, las normas describen una conducta específica. Es distinto decir «la basura se tira en el cubo» a decir «se debe ser limpio». Ambas hacen referencia a la limpieza, pero una de manera concreta y la otra de manera abstracta. Para que un preescolar comprenda y sepa lo que se espera de él, la norma debe ser concreta y conductual.

Se deben crear y comunicar en un momento de tranquilidad: Para poder cumplir con todas las características que hemos visto hasta ahora, recomiendo crear las normas en un momento de tranquilidad. Cuando las improvisamos es más fácil cometer errores, como por ejemplo establecer normas y/o consecuencias difíciles de cumplir.

Crear las normas con tranquilidad nos da la oportunidad de crearlas junto con nuestros hijos. Se ha visto que cuando los niños participan en la creación de las reglas, además de entenderlas mejor, les resulta más fácil acatarlas. A muchos papás les recomiendo salir a tomar un helado y hablar acerca de cómo van a funcionar. Por ejemplo: «Las últimas semanas hemos tenido muchos problemas con los deberes y quería conversar con vosotros sobre qué podemos hacer o cómo vamos a funcionar de ahora en adelante».

En caso de que las normas las creen sin los niños, se las deben comunicar en un momento de tranquilidad, ya que cuando los niños están alterados, no están ni cognitiva ni emocionalmente receptivos para escuchar lo que les queremos decir. Para ayudar a un niño a entender lo que se le está pidiendo, recomiendo sentarse con él y decirle que tienen que hablar. Usar palabras sencillas y ser lo menos pesados posible. Los preescolares, además de tener poca capacidad de atención, aún no tienen capacidad cognitiva para entender valores abstractos o metas muy a largo plazo. A un preescolar no le interesa si va a llegar o no a la universidad. Le interesa entender lo que le estamos pidiendo y que se lo pedimos porque lo amamos.

Crear una norma con los niños o comunicársela con tranquilidad permite que los niños conozcan de antemano lo que se les pide, y por tanto tengan la oportunidad de regular su conducta y evitar una consecuencia desagradable. En otras palabras, darles la oportunidad de hacer el siguiente ejercicio de regulación conductual:

«Quiero ver *Jake y los piratas*... pero si sigo jugando y no ordeno, me lo voy a perder... mejor me doy prisa».

En palabras técnicas, lo que el niño hizo al darse prisa y hacer caso fue suprimir un impulso dominante (seguir jugando) para ejecutar uno subdominante (ordenar). Este tipo de ejercicio estimula el desarrollo de la autodisciplina y de las estructuras cerebrales que regulan las emociones y los impulsos. Pero para que el niño pueda hacerlo, necesita conocer de antemano la norma y las consecuencias.

Conocer de antemano una norma facilita la aceptación de las consecuencias cuando la transgredimos (si es que las hay). Si el niño no tiene conocimiento de lo que le va a pasar, la consecuencia le coge por sorpresa y lo más probable es que se frustre el doble. Pongámonos por un momento en su lugar. Imaginémonos que estacionamos el coche en una calle donde no hay ningún cartel que prohíba aparcar y a la vuelta nos encontramos con una inesperada multa en el parabrisas. Lo único que sentimos en ese momento es rabia e impotencia. ¿Por qué nos ponen una multa si no hay ninguna señal que indique que no se puede aparcar? ¡Ufff! Pero si lo aparcamos en un lugar donde *sabemos* que no se puede aparcar y nos ponen una multa, seguro que nos vamos a frustrar, pero claramente en menor escala. Esto se debe a que sabíamos de antemano que nos podían poner una multa si lo aparcábamos ahí y deliberadamente decidimos correr el riesgo.

Conocer de antemano una norma y sus consecuencias facilita que el niño se haga responsable de su elección. Volvamos al ejemplo del coche mal aparcado. En el primer caso, lo más probable es que la rabia de la multa la dirijamos al municipal. En el segundo caso, lo más probable es que la dirijamos a nosotros mismos, por haber corrido el riesgo de estacionar donde no se podía.

Deben ser consistentes y estables en el tiempo: No sirve establecer una norma si solo se va a respetar un día o una semana. Esto genera confusión en el niño y daña nuestra credibilidad. Tampoco sirve respetarla a veces, porque además de los efectos anteriores, hace que el ambiente sea poco predecible para los niños. Esto genera ambivalencia, inseguridad y ansiedad.

Que una norma sea consistente y estable en el tiempo facilita que el niño acepte los límites y los vaya poco a poco interiorizando como patrones internos reguladores de la conducta. En mis charlas, siempre utilizo la siguiente metáfora para explicar estos procesos:

Imagínense que son ciegos y que se cambian de casa. A esas casas antiguas, que son tan grandes que parecen laberintos. Lo más probable es que mientras no tengan un mapa mental de la nueva casa, van a tener que ir dando manotazos y tocando las paredes para no chocar y saber dónde están. Pero después de un tiempo los manotazos ya no van a ser necesarios. Van a poder caminar por la casa sin riesgo de chocar o perderse. Pero si las paredes mágicamente cambiaran todos los días, jamás podrían formar el mapa mental que necesitan y, por lo tanto, tendrían que estar eternamente dando manotazos en las paredes para no chocar. Ahora bien, visualicemos las paredes como los límites y los manotazos como la necesidad natural de los niños de ponerlos a prueba. Si los límites son estables y consistentes en el tiempo, el niño poco a poco va a ir formando un mapa mental de lo que puede hacer y de lo que no puede hacer y va dejar de dar manotazos para saber dónde está. Pero si los límites son poco consistentes y estables en el tiempo, nunca va a poder formar este mapa mental y va a estar condenado a dar manotazos toda su vida. Es decir, condenado a desafiar siempre a la autoridad.

Ahora bien, tampoco significa que cuando uno establece una norma no pueda recular. Con frecuencia nos equivocamos y establecemos normas poco adecuadas. A veces, porque estamos sobrepasados. Otras, porque creemos que es adecuada y en la práctica nos damos cuenta de que no. Cuando esto ocurre hay que eliminarla o modificarla. Recomiendo también hablarlo con los niños para que estén informados y no se pierda el respeto por las normas. Por ejemplo:

Mamá: «Camila, ¿te acuerdas de que ayer dijimos que los juguetes se tienen que guardar cada vez que los dejamos de usar?».
Camila: «Sí».
Mamá: «Bueno, he visto que igual es complicado y que a pesar de que has tratado de cumplirlo, no has podido. Aún eres muy pequeña, así que lo vamos a cambiar. De ahora en adelante los juguetes los vamos a ordenar antes de irnos a la plaza. Así, cuando volvamos tendremos tiempo de cenar y bañarnos. Entonces, cuando sea la hora de ir a la plaza, yo te avisaré para que los ordenemos. ¿Vale?».
Camila: «Vale, mamá».

Para que una norma sea consistente y estable en el tiempo, también debemos preocuparnos de que todos los cuidadores estén de acuerdo. Si el padre dice una cosa y la madre otra, se corre el riesgo de que el niño no forme el mapa mental de lo que es aceptado y lo que no es, se confunda, se angustie o utilice las diferencias para salirse con la suya.

También debemos ser flexibles y poder adecuarnos a las necesidades de un momento dado. Si tenemos la norma de que se cena en la mesa y nuestro hijo está enfermo, no pasa nada si cena en la cama. Tampoco si la rompemos el domingo haciendo concesiones. Lo que sí recomiendo es decirle a los niños «como es domingo y veremos una película, vamos a cenar en la cama».

Límites en el momento

No se puede tener una norma para todo. Muchas veces debemos establecer límites en el momento para regular la conducta de nuestro pequeño. Por ejemplo, «no te columpies en la silla que te vas a caer», «no te metas la bolita a la boca porque te la puedes tragar», «no estires la pulsera porque se te va a romper», «no sigas saltando en los sillones porque te vas a caer», etc.

Dado que el niño no conoce el límite de antemano, lo primero que debemos hacer es establecerlo verbalmente. Es decir, decirle que aquello que está haciendo no es aceptable o decirle cómo esperamos que se comporte en ese momento determinado. Resalto *en ese momento* porque, a diferencia de una norma, aquí lo que no es aceptable en un momento, puede serlo en otro.

Para que nuestro hijo entienda y pueda cumplir con lo que le pedimos, al igual que las normas, el límite debe ser adecuado a la edad, características y necesidades del niño, como también claro, preciso y conductual.

Junto con esto, se debe evitar establecer límites a modo de pregunta y a modo de favor. Cuando establecemos un límite a modo de pregunta (por ejemplo, «¿vamos a bañarnos?») tenemos que asumir que el niño está en su derecho legítimo de responder si quiere o no hacerlo. Por lo tanto, a no ser que realmente queramos que elija, no establezcamos límites de esta forma. En cuanto a lo segundo, cuando le pedimos a un niño que por favor haga o deje de hacer algo, indirectamente le transmitimos que obedecer es una petición de ayuda cuando en verdad no lo es. Por lo mismo, evita frases del tipo «amor, por favor, hazme caso».

Lo ideal sería que al establecer un límite el niño regule su conducta y lo respete. Pero dada la naturaleza del preescolar (especialmente de los preescolares pequeños) lo más probable es que le cueste. Cuando esto ocurre, tenemos distintas opciones: dejarlo pasar, perder la paciencia o ayudarlo a respetarlo.

Si queremos promover apego seguro y adecuado desarrollo socioemocional debemos optar por la tercera alternativa (¡aunque a veces es la más difícil!). A continuación veremos algunas técnicas de cómo podemos ayudar a nuestro hijo.

Cómo ayudar a un preescolar a cumplir con lo que le pedimos

Aprender a respetar una norma es un proceso, al igual que aprender a montar en bicicleta. Cuando un niño está aprendiendo a montar en bicicleta, sabemos que se puede caer, pero no esperamos que se caiga para que aprenda mejor. Esta debería ser la actitud: «Mi hijo está aprendiendo a montar en bicicleta (aprendiendo a regular su conducta). Para evitar que se caiga (transgreda la norma), me voy a preocupar de que monte en lugares sin muchas piedras o pendientes (ayudarlo a cumplir con la norma). Y si se llega a caer, voy a sujetarlo (regular el estrés) y alentarlo a que lo intente de nuevo».

Recordemos que el área del cerebro que regula los impulsos comienza a desarrollarse alrededor de los dos años, por lo que la habilidad de un preescolar para controlarse es precaria y, por tanto, aún depende del ambiente para ser efectiva.

Los preescolares pequeños dependen de nuestra ayuda casi en un cien por cien. Esto significa que serán capaces de respetar un límite o hacer lo que les pedimos en función de lo efectiva que sea nuestra ayuda. A partir de los cuatro años, los niños comienzan a ser capaces de regular su conducta de manera más autónoma, aunque siguen necesitando de nuestra ayuda y paciencia.

A continuación, veremos técnicas para ayudar a los niños a respetar límites (normas y del momento).

Recordar el límite: Ayudar a un niño a respetar un límite puede ser tan simple como recordárselo. Pero no con el ímpetu de reto, sino de recordatorio. Por ejemplo, yo no dejo a mis hijas pintar en las camas, pero a pesar de que saben esto, muchas veces las pillo haciéndolo. Cuando esto ocurre, les recuerdo el límite preguntándoles «Niñas... ¿dónde se pinta?» a lo que inmediatamente me contestan «en la mesa» y se van a sentar.

Los preescolares aprenden por repetición, por lo que puede que haya que recordarles varias veces una norma hasta que se la aprendan bien. Pero es muy distinto saber que necesitan que se las recordemos, a pensar que no las respetan porque no quieren o porque son porfiados. Cuando tenemos esto presente, nos enfadamos y desgastamos menos.

Repetir el límite una y otra vez: Esta técnica es muy sencilla y consiste en reiterar el límite una y otra vez hasta que el niño haga lo que le estamos pidiendo.[22] Por ejemplo:

Madre: «Cata, recoge tu uniforme y déjalo en la cama».
(Cata sigue jugando con sus muñecas).
Madre: «Cata, recoge tu uniforme y déjalo en la cama».
Cata: «Yaaaaaa...» (recoge el uniforme y lo deja en la cama).

Para que esta técnica sea efectiva y cumpla con nuestros propósitos, el límite se debe reiterar con paciencia y tranquilidad. Si nos gritamos, la ayuda se convierte en regañina.

---

[22] Esta técnica es conocida y recomendada por distintos autores. Por ejemplo, Alexander Lyford-Pike la llama «disco rayado».

Validar y reflejar: Muchas veces los niños no quieren o no pueden hacer lo que les pedimos porque algo les pasa (están cansados o enfadados). Cuando esto ocurre, sirve mucho validarles y reflejarles su estado emocional o físico. Siguiendo con el ejemplo anterior:

> Madre: «Cata, recoge tu uniforme y déjalo en la cama».
> (Cata sigue jugando con sus muñecas)
> Madre: «Cata, recoge tu uniforme y déjalo en la cama».
> —Cata: «Es que estoy cansada».
> Madre: «Ya sé que estás cansada (valido cómo se siente), pero no puedes dejar tu uniforme tirado en el suelo. Vamos, recógelo y déjalo en la cama».
> Cata: «Voooy...» (recoge el uniforme y lo deja en la cama).

Si lo que está obstaculizando que respete el límite es una emoción y nuestro hijo está muy estresado, antes de continuar con la regulación conductual debemos contenerlo y ayudarlo a recuperar la calma.

Acompañar las palabras con acción: Con frecuencia, recordar o reiterar el límite una y otra vez no es suficiente. A veces es necesario acompañar las palabras con acción. Esto consiste en ayudar al niño a respetar el límite a través de un gesto, de un movimiento o de una conducta, como tomarle la mano cuando nos tenemos que ir o pasarle el juguete que debe ordenar.

> Joaquín está en el pasillo de juguetes del supermercado y su papá le dice que se tienen que ir. Joaquín responde «no quiero» y sigue mirando juguetes. Con mucha paciencia, su papá le vuelve a decir que se tienen que ir, ante

lo cual Joaquín se vuelve a negar. Entonces el papá se pone a su altura, hace contacto visual y le dice: «Joaquín, sé que estás muy entretenido y te quieres quedar (validо), pero nos tenemos que ir (reitera límite)». Mientras le dice esto, agarra los juguetes y los coloca en el estante. Le coge la mano y se lo lleva (acompañar palabras con acción).

Esto es acompañar las palabras con acción. El padre no se quedó solo en las palabras, sino que actuó y movilizó a su hijo para ayudarlo a hacer lo que le estaba pidiendo. En el ejemplo de Cata y el uniforme, acompañar las palabras con acción podría haber sido que la madre le dijera «Toma, aquí está la camiseta y el pantalón, llévalos a la cama. Yo voy a llevar las zapatillas».

Ayudarlo con lo que se le está pidiendo: Por ejemplo: «Tienes que ordenar tus juguetes. Yo ordeno los coches, tú ordena los cuentos». Al igual que en los otros ejemplos, esta estrategia se potencia si la combinamos con otras. Los fines de semana, les pido a mis hijas que hagan sus camas. La mayor la hace sin problemas, pero la menor no. Cuando le recuerdo la norma, me mira con cara de pereza y dice que no quiere. Entonces le digo que sé que le da pereza, pero que la voy a ayudar (validar y reflejar/ayudar con lo que le estoy pidiendo). Le tomo la mano (acompaño palabras con acción) y la llevo a su habitación.

Obviar ciertos fallos: Esa técnica consiste en valorar que el niño tuvo una buena actitud o hizo lo que le pedimos, más que si lo hizo bien o mal. El lema aquí es una cosa a la vez. Primero que haga lo que le pedimos, que desarrolle el hábito. Después nos preocupamos de que lo haga bien. Siguiendo con el último ejemplo, cuando mi hija va a hacer la cama, no me importa si estira bien o mal las sábanas, si pone un cojín y yo tres, lo importante es que la hace.

Regla de tres: Esta técnica sirve cuando el niño está haciendo algo y queremos que deje de hacerlo. Consiste en hacer uso del poder regulador de las consecuencias para ayudar al niño a respetar el límite. Generalmente, se hace en tres pasos (de ahí el nombre).

El primer paso consiste en establecer el límite verbalmente. Por ejemplo: «Camila, no chupes el collar que se puede romper». Si el niño sigue haciendo lo que está haciendo, se pasa al siguiente paso.

El segundo paso consiste en reiterar el límite que se estableció, pero esta vez agregar una consecuencia (o decirle al niño lo que va a pasar si sigue haciendo lo que está haciendo) que ayude al niño a regular su conducta. Siguiendo con el ejemplo anterior, «Camila, te dije que no chuparas el collar, que se puede romper. Si lo sigues chupando te lo vas a tener que sacar».

Y si sigue haciendo lo mismo, el tercer paso consiste en hacer valer lo que se advirtió. «Amor, te dije que si seguías chupando el collar te lo ibas a tener que sacar. Lo lamento, pero se puede romper y es peligroso».

El objetivo de la regla de tres no es amenazar al niño, sino mostrarle que lo que está haciendo no está bien y lo que puede ocurrir si lo sigue haciendo. Ahora bien, como sabemos que están aprendiendo a regular su conducta y nuestro objetivo es evitar dramas innecesarios, lo ideal es ayudarlos a respetar el límite para no llegar al paso tres. En el ejemplo de Camila se le podría haber ayudado poniéndole el collar como pulsera o distrayéndola con una actividad.

Ayudarlos a encontrar formas o alterativas más adecuadas de hacer lo que están haciendo: Si nuestro hijo está jugando a la pelota dentro de la casa y le decimos que no y continúa haciéndolo, quizá convenga decirle que en un ratito lo vamos a llevar al patio a jugar. Si está jugando con un enchufe porque está aburrido, mostrarle qué puede hacer para entretenerse.

Usar claves ambientales: Esta técnica consiste en hacer uso de claves ambientales para ayudar al niño a cumplir con lo que le pedimos. Por ejemplo, tener un reloj analógico y decirle «Cuando el palito del reloj llegue al número siete te tienes que ir a bañar». O si están viendo televisión decirle «Cuando termine este programa nos vamos a acostar». Esto ayuda al niño a situarse en el tiempo y regular su conducta.

Acompañarlos: Tengamos presente la necesidad de los niños de sentirse cerca y conectados a sus cuidadores. A veces simplemente acompañarlos los ayuda a cumplir con lo que les estamos pidiendo. Es muy distinto enviarlos a lavarse los dientes que ir al baño con ellos y mirarlos cómo se lavan los dientes.

Darles avisos progresivos para prepararlos: A los niños les cuesta mucho dejar de hacer algo para hacer otra cosa, especialmente cuando lo que están haciendo les gusta y lo que deben hacer no tanto (por ejemplo, dejar de jugar con los coches para ir a bañarse). Entonces debemos ayudarlos a transitar entre ambas actividades. Esto se puede hacer dándoles avisos de cuánto tiempo les queda (por ejemplo, «Quedan quince minutos... quedan diez minutos... quedan cinco minutos...») y ayudándolos a cerrar u organizar su tiempo (por ejemplo, «Queda poquito tiempo para que nos vayamos a bañar... ¿Cómo va a terminar la historia?» o «Ya nos vamos a ir a casa, podrás jugar con un juguete más... ¿Cuál vas a elegir?»).

Aprendizaje por consecuencias

Como adultos, sabemos que nuestras acciones tienen consecuencias. Que si queremos evitar que ocurra algo que no nos
gusta, debemos regular nuestra conducta. Lo mismo sucede si
queremos lograr algo.

Esta es la base del control de impulsos: me controlo porque pienso antes de actuar, porque pienso en lo que puede
ocurrir. Si no estudio, me va mal en la prueba. Si le miento
a un amigo, deja de confiar en mí. Si me retraso ordenando,
tengo menos tiempo para ver televisión. Si me quedo remolo-
neando en la cama, saldremos tarde a comer.

**Para que nuestros niños aprendan estas importantes
lecciones de vida, debemos supervisar y apoyar el aprendizaje por consecuencias. Ayudarlos a visualizar las consecuencias de sus acciones (recordemos que por desarrollo
les cuesta pensar en el futuro). Ayudarlos a evitar lo que
no quieren que ocurra y lograr lo que sí quieren. Ayudarlos a asumir las consecuencias de sus acciones y decisiones. Contenerlos en el aprendizaje. Contenerlos cuando se
equivocan.**

A continuación, veremos cómo hacer esto en función de
nuestros nortes reguladores: apego seguro y desarrollo socioemocional. Partiremos viendo que existen dos tipos de consecuencias. Finalmente, cómo y cuándo usarlas.

Consecuencias naturales y lógicas

Existen dos tipos de consecuencias: las naturales y las lógicas.
Las **consecuencias naturales** son aquellas consecuencias que
siguen a una conducta sin que haya otro que las imponga. Son

el resultado inevitable o probable del comportamiento del niño. Por ejemplo, un niño deja un juguete tirado en el jardín (conducta) y su perro se lo rompe (consecuencia natural). Un niño sale desabrigado a jugar (conducta) y se resfría (consecuencia natural).

Las **consecuencias lógicas**, a diferencia de las naturales, necesitan de la intervención del educador para darse. Por ejemplo, si se establece que se ve televisión (consecuencia lógica) después de bañarse (conducta), depende del cuidador que se lleve a cabo la consecuencia.

Para que una consecuencia sea lógica, debe tener una relación directa y proporcional con la conducta. «Si me retraso en hacer tareas, tengo menos tiempo para jugar», «Si sigo jugando con algo peligroso, mi mamá lo va a guardar». Cuando la relación no es lógica, la consecuencia se convierte más bien en castigo. Veamos la diferencia: «Si me retraso en hacer las tareas, mi mamá me manda a la habitación», «Si sigo jugando con algo peligroso, me quedo sin postre».

Supervisar, apoyar y contener el aprendizaje por consecuencias

• Ayudar a visualizar las consecuencias: Debido a que a los preescolares les cuesta visualizar las consecuencias de sus acciones (especialmente si no son inmediatas), lo que debemos hacer es establecer el límite y lo que puede ocurrir verbalmente. Por ejemplo, «Amor, si sigues tirando la pulsera se va a romper». Es importante que la verbalización tenga como objetivo prestarle función ejecutiva a su cerebro en desarrollo y no amenazarlo. La diferencia es sutil pero importante.

• Uso nutritivo de las consecuencias: La literatura en general recomienda el uso de las consecuencias naturales para que los niños aprendan a regular su conducta. Que aprendan que sus acciones tienen consecuencias que no dependen de nosotros. Que en la vida existe un orden natural.

El problema es que las consecuencias naturales no siempre son adecuadas. Dejar que un niño se caiga de la cama para que aprenda que es peligroso saltar o que le salga una caries para aprender que se debe lavar los dientes no es adecuado. Lo que nosotros buscamos como padres es que aprendan, no que se hagan daño. Por lo mismo, cuando las consecuencias naturales son peligrosas o perjudiciales en algún sentido, no se deben usar. Se debe ayudar al niño a regular su conducta estableciendo una consecuencia lógica o usando alguna de las estrategias vistas anteriormente. Por ejemplo, si un niño en la plaza insiste en correr hacia la calle, se le debe decir que no corra a la calle porque lo pueden atropellar (mencionar consecuencia natural para estimular desarrollo causa-efecto), pero se debe establecer una consecuencia lógica para ayudarlo a regular su conducta (irse de la plaza si lo vuelve hacer).

Esto también se debe hacer cuando las consecuencias naturales son poco significativas para los niños. A la mayoría de los niños pequeños no les importa que su habitación esté desordenada, tener sueño al día siguiente o no entrar a la universidad. Al igual que en el ejemplo anterior, se debe mencionar la consecuencia natural y emplear otra estrategia para ayudar al niño a regular su conducta. Por ejemplo, «Sé que estás entretenido (reflejo genuino), pero si no te acuestas ahora mañana vas a tener sueño (consecuencia natural inmediata y poco significativa). ¡El que llega primero elige el cuento! (estrategia evitar inteligente-juego)».

Ahora bien, como saben, en la crianza no existen recetas y la mayoría de las veces debemos tomar decisiones en función del contexto o de las necesidades de los niños. Así como habrá veces que evitaremos el aprendizaje por consecuencias naturales, habrá otras que lo permitiremos. No podemos estar encima de nuestros hijos todo el rato. Debemos dejarlos tomar decisiones y que asuman las consecuencias de su actos. Les voy a dar un ejemplo personal. Nunca he obligado a mis hijas a comer. Les puedo insistir, negociar, apoyarme en el kétchup y queso rallado, pero nunca obligar. Entonces cuando me dicen «No voy a comer más» siempre les digo «Ok, pero no puedes comer nada hasta la hora de la leche (límite) y te puede dar hambre (mencionar consecuencia natural). ¿Estás segura de tu decisión? (desarrollo de la responsabilidad)». Si me dicen que sí y después les da hambre, se deben aguantar hasta la hora de la leche. Para ayudarlas a respetar el límite, a veces les doy la leche antes. Pero no las dejo picotear entremedias.

En función de nuestros nortes reguladores, debemos tratar de que las consecuencias que establezcamos sean lo más lógicas posible y evitar el uso de castigos. Las consecuencias deben ayudar a nuestro hijo a aprender a regular su conducta desde la comprensión y no del miedo. La idea es que en el futuro sea capaz de regularse porque entiende que es lo correcto y no porque alguien lo está mirando.

Lo que no se debe hacer es establecer consecuencias que implican pérdida de afecto o de seguridad. «Si sigues haciendo una pataleta hoy no duermes conmigo», «Si no te pones el pijama, me voy a llevar la lámpara». Por muy efectivas que sean (porque el niño hace lo que sea con tal de evitarla) no son adecuadas. En primer lugar, porque no son lógicas, son castigos. Y en segundo lugar, porque indirectamente transmiten que el amor no es incondicional a la conducta. Que la disponibilidad, seguridad y conexión está sujeta a cómo se portan. Esto no es sano ni para la relación ni para la autoestima del niño.

También debemos evitar establecer consecuencias que no vamos a cumplir. Si nuestro hijo no quiere salirse de la bañera y le decimos que si tarda se perderá el comienzo de su programa favorito, no sacamos nada con ponerle pausa y que lo vea entero igual. Cuando hacemos esto lo único que aprenden es que la mamá nunca habla en serio.

Regulación emocional y conductual: donde se une el amor y la firmeza

No es fácil ayudar a nuestros hijos a regular su conducta. Muchas veces estamos cansados y nos cuesta, por ejemplo, recordar o reiterar el límite sin perder la paciencia. Para los niños tampoco es fácil. Están aprendiendo que no pueden hacer todo lo que quieren, por inmadurez les cuesta regularse y como a cualquier persona no les gusta que les estén diciendo todo el día lo que pueden y lo que no pueden hacer. Por lo mismo, la regulación conductual con frecuencia constituye una situación de estrés tanto para nosotros como para ellos.

En función de esto, vimos que era importante generar condiciones que faciliten esta tarea (conexión, evitar inteligente, autocuidado), establecer rutinas y límites nutritivos, y ayudarlos a cumplir con lo que les pedimos. Pero, aunque hagamos todo esto, habrá veces en que tanto ustedes como su hijo se van a estresar igual.

A lo largo del libro hemos visto que cuando un niño está estresado, necesita que sus cuidadores se mantengan conectados y lo ayuden a recuperar la calma. Por lo que si el niño se estresa en algún punto de la regulación conductual (por ejemplo, se pone a llorar cuando se hace tarde y no da tiempo a ir a la plaza), se le debe contener. **Este es uno de los pasos más difíciles de hacer: respetar límite y contener a la vez.** Estarán de acuerdo en que no es lo mismo contener a un hijo cuando está triste porque un amigo no quiso jugar con él, que contenerlo cuando no quiere irse a acostar y se tira al suelo a llorar porque le apagaron la televisión. Pero al igual que es difícil, es importante. La buena noticia es que el diagrama de regulación emocional nos permite hacer ambas cosas a la vez.

Por lo general, en el proceso de regulación conductual los niños se pueden estresar por dos motivos: *cuando establecemos el límite* (por ejemplo, cuando le decimos que es hora de irse a bañar) y *cuando no lo respetan y se debe hacer valer las consecuencias* (por ejemplo, guardar los lápices después de rayar la pared). Para una mejor comprensión, veremos cómo se aplica el diagrama de regulación en cada una de estas situaciones por separado.

Cuando establecemos el límite y el niño se estresa

La mayoría de las veces que establecemos un límite los niños se estresan. A veces se frustran un poco, nos fruncen el ceño y hacen lo que les pedimos, mientras que otras veces se irritan más, se ponen a llorar y quedan atrapados en la emoción.

Cuando esto ocurre, debemos conservar la calma (**regularse uno**). Recordemos que no podemos ayudar a un niño a calmarse si estamos alterados. Menos pedirle algo que nosotros no somos capaces de hacer. Sé que esto es difícil de hacer cuando un niño no quiere obedecer, más aún cuando se pone a llorar o pataletear, pero no hay forma de que lo ayudemos a regular su conducta si estamos descontrolados. Cuando nos ponemos a gritar, dejamos de ayudar y hacemos que la situación sea más estresante que la inicial.

El siguiente paso es **sintonizar** con nuestro hijo, conectarnos a él y ver qué le pasa. ¿Está cansado? ¿Está enfadado? ¿Por qué se frustró? Tengamos siempre en mente que los niños (especialmente los preescolares pequeños) están aprendiendo que no pueden hacer todo lo que quieren y tienen muchas necesidades de autonomía y control, por lo que no les resulta fácil que les establezcan límites, y menos respetarlos. Entendámoslos.

Cuando sé lo que le pasa se lo debo **reflejar** (poner en palabras), **validar** (si es necesario) y **reiterar el límite**. «Sé cuánto te gusta ver la televisión, entiendo tu enfado, pero se acabó el programa y es hora de hacer los deberes».

Es probable que al hacer el reflejo y reiterar el límite nos diga «¡No quiero!». Cuando esto ocurre, debemos validarlo y repetirle el límite (manteniendo la calma y la conexión): «Ya sé que no quieres, pero es hora de hacer los deberes».

Reflejar y validar es muy importante. No solo porque permite que el niño se sienta conectado a nosotros, sino porque baja el estrés y aumenta su receptividad (lo que permite que lo ayudemos a regular su conducta).

Lo que sigue va a depender mucho de la situación y cuán intenso es el estrés del niño. Si solo nos frunció el ceño o se cruzó de brazos, puede que con el reflejo se calme y haga lo que le pedimos. Pero si se pone a llorar, discutir o a pataletear, llevará más tiempo y esfuerzo **calmarlo**, pero es preciso hacerlo antes de seguir con la regulación conductual.

Como vimos en el tercer capítulo, puede que sea necesario darle tiempo para que **exprese su malestar** o **establecerle límites a la expresión** si hace algo inadecuado, como tirar juguetes o pegarnos. Recordemos que esto siempre se hace validando la emoción: «No me pegues. Sé que tienes rabia, pero no por eso me vas a pegar. Trata de calmarte para que hablemos».

Cuando está lo suficientemente calmado, se puede retomar la regulación conductual haciéndole nuevamente el reflejo y reiterando el límite: «Sé que querías seguir viendo la televisión y que te dio mucha rabia que la apagara, pero sabes que cuando se acaba *Art Attack* es hora de hacer deberes». La mayoría de los niños, al estar tranquilos y sentirse conectados con sus padres, respetan el límite.

Si la situación lo precisa, antes o después de retomar la regulación conductual, podemos ayudar a nuestro hijo a reflexionar sobre lo que pasó y utilizar la experiencia como aprendizaje (**reflexión guiada**). Por ejemplo, se le puede explicar por qué actuó como actuó («Te dio mucha rabia que apagara la televisión, por eso tiraste los juguetes»), reforzar un mensaje importante («No siempre podemos hacer lo que queremos» o «Que hay tiempos para jugar y tiempos para trabajar»), preguntarle qué hará la próxima vez que le pase lo mismo, mostrarle que le sirvió respirar para calmarse, etc.

Finalmente, se debe **reforzar** cualquier conducta positiva que haya tenido en el proceso.

Cuando el niño no respeta el límite y se estresa por las consecuencias

Esto ocurre cuando establecemos un límite y el niño no lo respeta y debemos hacer valer sus consecuencias (lógicas o naturales). Por ejemplo, estamos en la plaza y hace frío. Nuestro hijo insiste en jugar con agua. Le decimos que no juegue con agua (límite), que si se moja nos tendremos que ir (consecuencia). Tratamos de desviar su atención con otra cosa, pero no da resultado, se moja igual. Entonces le decimos que nos iremos a casa (hacemos valer la consecuencia) y se pone a llorar.

Cuando ocurre esto, debemos hacer valer la consecuencia y contenerlo. La dinámica es la misma que acabamos de ver. Lo único que cambia es que al hacerle el **reflejo**, en vez de reiterar el límite, lo tenemos que ayudar a asumir las consecuencias de lo que pasó. Siguiendo con el ejemplo de la plaza sería: «Te entristece irte de la plaza (reflejo), pero estás empapado y te puedes resfriar, nos tenemos que ir a casa (consecuencia)». Lo siguiente es ayudarlo a **calmarse**.

A propósito de estimular la comprensión causa-efecto, en la **reflexión guiada** se les puede ayudar a los niños a tomar conciencia de que sabían de antemano lo que iba a pasar si no respetaban el límite. Esto permite que aprendan que sus acciones tienen consecuencias y que las podrían haber evitado si se hubiesen comportado de una manera distinta. Por eso, si es posible, también se debe remarcar la responsabilidad en la elección. Siguiendo con el ejemplo de la plaza: «Mi amor, sabías que si te mojabas (causa) nos íbamos a tener que ir (efecto). Mañana espero que tengas más cuidado». Para que esto realmente sea una ayuda y no un «Te lo dije», debemos cuidar nuestro tono de voz. Debemos conectarnos a nuestro hijo y resonar con lo que pasa. Nuestro objetivo es acompañarlo en este aprendizaje, no mostrarle que teníamos la razón.

Remarcar la responsabilidad también facilita que el niño acepte la consecuencia. Y, junto con esto, pone el efecto disciplinador en la consecuencia y no en la relación.

Es superimportante evitar agregar más estrés del que la situación ya tiene. El niño va a aprender a regular su conducta por las consecuencias, no porque gritemos o agreguemos un castigo. El niño de la plaza no necesita que la mamá lo vaya retando todo el camino o lo deje sin ver televisión. Irse de la plaza es lo suficientemente estresante para él y lo único que necesita en ese momento es la conexión y asistencia de su mamá.

En esta misma línea, se debe evitar caer en una escalada de poder. Muchas veces los niños al transgredir una norma o no hacer lo que les pedimos, se angustian y no saben qué hacer. Algunos se muestran indiferentes. Otros incluso se ponen a reír. Este tipo de respuesta tiende a irritar a los padres y se corre el riesgo de ponerse a pelear y ver quién tiene la palabra final, como se ve en el siguiente ejemplo.

Mamá: «Fernanda, no vamos a ir a la plaza porque no has ordenado tus juguetes».
Fernanda: «No me importa».
Mamá: «¿De verdad que no te importa?».
Fernanda: «Sí, de verdad».

Mamá: «Entonces también te vas a quedar sin tus bar-
bies».
Fernanda: «Tampoco me importa».

Y así sucesivamente...

Consideraciones finales

Importancia de regular la culpa: En el tercer capítulo vimos que
en la etapa preescolar es muy importante ayudar a los niños a
regular la culpa.

La culpa como emoción tiene dos funciones: ayudarnos
a tomar conciencia de que cometimos un error y motivarnos a
repararlo. La culpa que nos deja anulados y pasivos no sirve
(culpa patológica).

Para regularla, debemos reflejarle lo que siente. Por ejemplo: «Sé que te sientes mal con lo que hiciste» y validarlo: «Es
normal que te sientas así», «Cuando uno hace algo que está
mal, es normal sentir culpa». Ayudarlo a expresarse si es necesario, a calmarse y encontrar formas de reparar su falta. Por
ejemplo, «Ven a limpiar, yo te ayudo», «Dile a papá que sientes
mucho lo que pasó, eso te va a hacer sentir mejor», «Ya, ven...
dame un abrazo».

Atentos a los motivos ocultos: En el tercer y en el cuarto capítulo vimos que los niños no siempre expresan lo que les pasa de
manera directa. Cuando un niño está pasando por una situación difícil o le pasó algo durante el día y tiene una emoción
atrapada, es probable que esté más irritable y le cueste más regular su conducta. Por lo general, uno se da cuenta de esto porque le molestan cosas que normalmente tolera, porque está opo-
sicionista o porque pasa de una frustración a otra.

Sebastián tiene casi cuatro años. Sus padres se separaron hace dos meses. Desde entonces, no ha vuelto a ver a su papá. No le han dado mayores explicaciones, «porque como es pequeño, no lo va a entender». Pero, por casualidades de la vida, desde hace un par de semanas se ha puesto agresivo en el colegio (les pega patadas y puñetazos a niños sin motivo alguno) y en casa no respeta ninguna norma. La madre dice que lo castiga, pero insiste en portarse mal. Ya no sabe cómo gestionarlo.

Cuando esto ocurre, además de tener mucha paciencia y preocuparnos de generar condiciones que faciliten la regulación conductual, debemos tratar de ayudar al niño a sacar la emoción que tiene escondida. Cuando hacemos esto, los niños se sienten tranquilos y todo vuelve a fluir (vimos cómo hacer esto en el tercer capítulo).

Tengamos cuidado con el exceso de límites: Debemos tener cuidado de que nuestra casa no se convierta en un regimiento. A veces, estamos todo el día diciendo «no», «no hagas eso», «no, eso no», «no», «no» y «no». Esto es agotador tanto para nosotros como para los niños. Además, es poco efectivo, porque cuando hay exceso de normas y límites, se cumplen con suerte la mitad y vivimos peleando con nuestros niños. Cuando esto ocurre, nos sentimos incompetentes como padres y ellos que no son lo suficientemente buenos para mamá y papá, que no importa cuánto se esfuercen, siempre va a haber algo malo.

Por esta razón no exageremos con los límites y con los «no». Cada vez que vayamos a prohibir o negar algo, preguntémonos si realmente es necesario. Si no es tan importante, dejémoslo pasar. Reservemos los «no» para las cosas que realmente importan. Ahorremos nuestra paciencia y energía para las batallas que realmente valen la tristeza. Es mejor ganar dos batallas, que pelear ocho y no ganar ninguna.

Tengamos cuidado con tener más de un objetivo en mente: Con frecuencia queremos que nuestros hijos logren muchas cosas a la vez: que aprendan a ser autónomos, que sean obedientes, que no hagan pataletas, que coman sano, etc. El problema de esto es que no siempre podemos lograr todo al mismo tiempo o todo en un momento determinado.

Clarita, de cuatro años recién cumplidos, está muy irritable y demandante desde que supo que su mamá se va a casar. La mamá me cuenta que todo es una pelea: cenar, irse a dormir, bañarse, ordenar, ir al baño, lavarse los dientes, etc. Dado que Clarita se encuentra sensible por el gran cambio que se aproxima, le dije a la mamá que debía adecuarse al contexto y elegir muy bien las batallas hasta que su hija estuviese más tranquila. Por ejemplo, le dije que si Clarita le pedía que la limpiara, en vez de entrar en la pelea «tú»/»no, tú», la limpiara. Me dijo «es que tiene que aprender a limpiarse sola». Entonces le expliqué que no era el momento para desarrollar autonomía, que debía elegir cuál sería su meta en este periodo.

Carolina quiere que su hijo Joaquín, de tres años y medio, desarrolle autonomía y el hábito de ordenar sus juguetes. Entonces, todos los días antes de ir a cenar le canta «a ordenar, a ordenar, cada cosa en su lugar». Pero Joaquín la mayoría de las veces no le hace caso. Cuando está de buen ánimo, ordena lo que está usando al momento, pero no el resto de los juguetes. La mamá entonces le insiste e insiste en que ordene, aunque la escena termine en una pataleta. Le expliqué a Carolina que no puede lograr todo a la vez. Que si quiere que su hijo desarrolle el hábito de ordenar debe ir poco a poco.

Al principio debe conformarse con que él ordene lo que estaba usando. Que más que la cantidad y el cómo, importa que participe y haga lo que le está pidiendo. Ya habrá tiempo para que aprenda a ordenar todo.

Tener claridad en cuáles son nuestras metas y saber graduarlas o flexibilizar dependiendo del momento es especialmente importante cuando tenemos un preescolar pequeño intenso, cuando los niños por alguna razón están más sensibles (como Clarita) o cuando nuestros esfuerzos para que respeten un límite son infructíferos. Debemos preguntarnos: ¿Qué es lo que quiero lograr con esto? ¿Es importante? ¿Es posible?

Frustrarse es parte del desarrollo: Muchos padres se asustan de establecer y hacer valer un límite por las posibles reacciones de sus hijos. Temen que haga una pataleta, que se enoje o que sufra. Los entiendo, yo también soy madre. Lo primero que deben tener presente es que es completamente normal que los niños se frustren cuando se les establece un límite. Personalmente, no conozco a nadie que no se frustre (al menos un poco) cuando las cosas no le salen bien. Pero los niños, a diferencia de nosotros, están aprendiendo que en la vida no siempre se puede hacer o tener todo lo que uno quiere. Y este aprendizaje depende de nosotros, por lo que si no les establecemos límites, les estamos causando un daño. Por esta razón, mi consejo es que tengan siempre presente el sentido de lo que están haciendo y que canalicen sus temores y aprensiones en tener paciencia para ayudarlos a regularse.

Reforcemos a nuestros niños: También es importante que nos preocupemos de reforzar las conductas positivas de nuestros hijos. Cuando respetan un límite, cuando expresan lo que sienten, cuando logran calmarse, cuando logran controlarse.

A veces, solo reaccionamos ante las cosas que nos molestan. Nuestro ojo debería estar atento tanto a las cosas positivas como a las negativas.

Demos el ejemplo: Es difícil que los niños aprendan a respetar un límite que nosotros no respetamos. Por lo mismo, si no permitimos decir palabrotas, tampoco lo hagamos nosotros. Si no permitimos cenar en la habitación, tampoco lo hagamos nosotros. Frases del tipo «Yo lo hago porque soy el papá» solo generan rabia y disgusto.

Además de cumplir con lo que exigimos, también debemos dar el ejemplo.

> Matías va a cumplir cinco años. El colegio lo derivó a evaluación psicológica por mala conducta: se escapa de la clase, no obedece, no trabaja y contesta mal. Matías es hijo único de un matrimonio muy joven. Su madre tiene 24 años y su padre, 27. Vive con sus padres en casa de sus abuelos maternos. En la entrevista me di cuenta de que la madre de Matías tenía muchos problemas con sus propios padres. Específicamente, no respetaba ninguna norma de la casa y, cuando le llamaban la atención, contestaba mal sin importar que Matías estuviese presente. Por supuesto, Matías, desde pequeñito, fue grabando en su mente que las normas no se cumplen y que si te regañan hay que defenderse y contestar mal.

Cuidado con el aumento inicial: Cuando los niños no están acostumbrados a que les establezcan límites y uno lo comienza a hacer, con frecuencia su primera reacción es rechazarlos. Lo más probable es que pelee para volver a como funcionaban antes. ¿Y cómo no? Pónganse en su lugar. Si un niño está acostumbrado a que le compren todo lo que quiere y de un día para otro lo dejan de hacer, obviamente se va a molestar. Cuando esto ocurre, la rebeldía y/o las conductas conflictivas aumentan hasta que el niño genera un nuevo mapa mental de cómo son las cosas. Entonces la conducta conflictiva comienza a descender. Esto se puede representar en un gráfico de la siguiente manera:

Posibles cambios en la conducta al establecer límites

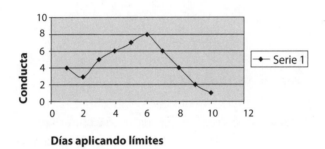

Días aplicando límites

Si se fijan, para que la conducta conflictiva comience su descenso, deben ser perseverantes y pacientes, y tolerar el aumento inicial. Muchos padres al establecer límites y ver que sus hijos con eso se portan peor, dejan de hacerlo y vuelven al sistema antiguo. Para que no pase, es importante que tengan en cuenta este dato.

Cuando no vemos resultados: Hay veces en que los niños no logran regular su conducta, por mucho que uno los ayude. Cuando esto ocurre, se debe a que algo está pasando. Por ejemplo, puede ser que el niño no esté bien emocionalmente, haya una variable biológica que dificulte la regulación o dinámicas familiares poco sanas. A veces, simplemente los niños tienen un temperamento más difícil. En estos casos, yo recomiendo consultar y pedir ayuda a un profesional.

No confundamos regulación emocional con conductual: Aunque ya lo he mencionado, lo voy a volver a hacer porque es uno de los errores más comunes. Muchos papás creen que contener a su hijo es darle gusto o ser «blando». Pero la verdad es que la firmeza de los límites no está en dejar solo a nuestro hijo, en gritar o enfadarnos, sino en respetar el límite. Recordemos que la clave de regulación conductual nutritiva está en mantenernos conectados y disponibles para ayudar a nuestros hijos en lo que necesiten en ese momento.

Resumen del capítulo 5

En la etapa preescolar los niños necesitan que les ayudemos a regular su conducta. Esto es, aprender a respetar normas, a controlar sus impulsos y a hacer aquellas cosas que deben hacer pero no quieren. Esto se puede lograr a través de una buena rutina, límites nutritivos y aprendizaje por consecuencias. Para cumplir con nuestros propósitos (promoción del apego seguro y desarrollo socioemocional) se recomienda generar condiciones que favorezcan la regulación conductual, ayudar a los niños a cumplir con lo que les pedimos y ayudarlos a calmarse si en el proceso de regulación conductual se estresan.

6

Morder y pegar

Felipe tiene cuatro años y acaba de incorporarse a un colegio. Sus padres están muy angustiados porque lleva una semana de clase y todos los días ha mordido a un niño. La madre me dice que le da vergüenza encontrarse con los otros padres, que le entran sudores cuando lo va a buscar al colegio. Los padres explican que nunca antes había mordido a nadie, ni en la plaza ni cuando se juntan con los hijos de sus amigos. Les preocupa que le esté pasando algo o que el colegio no sea para él. Tras evaluarlo me di cuenta de que a Felipe le cuestan los cambios y es de adaptación lenta. Que es muy introvertido, por lo que en ambientes familiares y tranquilos se siente cómodo y se desenvuelve mejor que en ambientes con muchas personas. Que le ha costado más adaptarse al colegio de lo que le costó adaptarse a la guardería debido a que hay más niños (lo que lo desgasta) y las exigencias son mayores (y en casa aún lo tratan como si fuera menor, usa chupete, toma biberón y va en carrito). Que por todo esto siente amenazante el colegio y le cuesta regularse.

Tras lanzar la primera versión de mi libro, me consultaron muchos padres porque su hijo mordía o pegaba. Me di cuenta entonces de que este tema (que es tan frecuente como las pataletas en los años preescolares) no podía quedar fuera en esta versión revisada.

Quisiera empezar contándoles algunos datos acerca de las agresiones físicas que, a mi juicio, son bastante reveladoras.

Durante años se pensó que las conductas agresivas aumentaban en la medida en que los niños iban creciendo, pero en realidad es al revés. Richard Tremblay y su equipo de la Universidad de Montreal han dedicado años a estudiar el desarrollo de la agresión y han concluido que la agresión se inicia después del primer año de vida, aumenta de un modo muy intenso cuando los niños empiezan a caminar, alcanza un pico entre los 24-42 meses y luego comienza a descender. En función de estas investigaciones, Felipe Lecannelier y su equipo de trabajo plantean que el periodo más agresivo del ser humano son los dos años.[23]

¿Por qué pasa esto?

A lo largo del libro hemos visto que tras la adquisición de la marcha los niños sienten el mundo a sus pies. Que para separarse de sus padres y reforzar su precario sentido del Yo necesitan oponerse a sus peticiones y hacer valer su voluntad. Y que cuando esto no les da resultado, se frustran en exceso.

También hemos visto que debido a que su desarrollo lingüístico y cerebral aún es muy inmaduro, sienten las emociones con mucha intensidad y carecen de las habilidades y estructuras necesarias para regularlas. Por lo que cuando están estresados, se desbordan con facilidad y les cuesta controlarse, lo que los lleva a hacer pataletas y agredir a otros.

[23] F. Lecannelier, F. Flores, M. Hoffmann, y T. Vega, «Trayectorias tempranas de la agresión: Evidencias y propuestas de un modelo preventivo», en D. Sirlopu y H. Salgado (eds.), *Infancia y Adolescencia en Riesgo: Desafíos y aportes de la Psicología en Chile*, Santiago, Universidad del Desarrollo, 2010, pp. 33-48.

También ocurre que en estos años los niños carecen de las habilidades sociales necesarias para afrontar y resolver conflictos. Por lo que cuando tienen alguna dificultad, tienden a resolverla a través de *acting-out* (esto es, actuar el impulso sin pensar). Entonces empujan, muerden, patean, tiran o quitan cosas, gritan o pellizcan (especialmente si la dificultad se da entre grupo de pares o hermanos). En una investigación, Tremblay se dio cuenta de que entre los 12 y los 20 meses el 70 % de los niños le quita los juguetes a otros, el 40 % empuja a los otros para obtener lo que quieren y el 21-27 % pegan, patean y muerden.[24]

En resumen, los niños agreden físicamente a otros porque carecen del lenguaje para expresar de manera adecuada lo que les pasa y porque carecen de las habilidades necesarias para regularse y resolver conflictos. No porque sean agresivos o malcriados.

Veamos los motivos más comunes por los cuales los niños agreden. La mayoría de las veces lo hacen *cuando están enfadados* (y agreden a quien generó la emoción), pero cuando son muy pequeños, también pueden agredir cuando se sienten sobrepasados, ya sea por la *intensidad de lo que están sintiendo,* porque *carecen de las habilidades necesarias para resolver un conflicto o conseguir lo que quieren* (por ejemplo, hacerse escuchar) o *porque están en un lugar en el cual se sienten amenazados* (y, por tanto, agreden al primero que se les cruza sin que este les haya hecho algo necesariamente).

En cuanto a la intensidad de una emoción, muchas veces los niños no saben qué hacer con lo que están sintiendo y recurren a la agresión como una forma de tranquilizarse. Entonces, si tienen mucha rabia o angustia, pueden pegarle a su cuidador o pegarse a sí mismos. La autoagresión es una forma muy instintiva y primitiva de autorregulación (especialmente

---

[24] R. Tremblay, Citado en Lecannelier, *et al. op. cit.* R. E. Tremblay, «Why socialization fails: The case of chronic physical aggression», en B. B. Lahey, T. E. Moffitt, y A. Caspi (eds.), *Causes of conduct disorder and juvenile delinquency*, Nueva York, The Guilford Press, 2003, pp. 182-224.

en los primeros tres años de vida). Nunca es adecuada, por lo que siempre debemos intervenir.

¿Por qué hay niños que agreden más que otros?

Si bien las agresiones físicas son normales en preescolares pequeños, existen factores biológicos, ambientales y situacionales que pueden hacer que los niños agredan más frecuentemente que su grupo de pares o que les cueste más tiempo y esfuerzo dejar de hacerlo.

Un factor biológico importante es el temperamento. A los niños que son más intensos les cuesta más controlarse cuando tienen rabia y, por tanto, aprender a no agredir. Otro factor biológico importante es el retraso en el desarrollo del lenguaje. Cuanto menos habla el niño, más intensa es la emoción y más le cuesta usar palabras para expresarse y regularse.

Los niños que tienen alguna dificultad sensorial también pueden agredir más que el resto. Por ejemplo, un niño con hipersensibilidad táctil puede interpretar como agresión los roces de sus compañeros (y, por tanto, defenderse). Como también sentir más amenazante compartir una mesa o estar en fila.

Dentro de los factores ambientales que pueden aumentar la frecuencia o dificultar el proceso de aprendizaje está la disfunción familiar y las prácticas parentales poco sanas.

Finalmente, en lo que refiere a los factores situacionales, la conducta agresiva puede aumentar cuando un niño atraviesa por un momento difícil o por cambios importantes (separación de los padres, llegada de un hermano, incorporación al colegio).

Clarita tiene cuatro años recién cumplidos y ya va al colegio. Sus padres la llevan a consulta porque está mordiendo y pellizcando a sus compañeros. Están preocupados porque lo había dejado de hacer desde que entró a la guardería. Cuando me dijeron eso, mi primera hipótesis fue que le cuestan los cambios y adaptarse, por lo que mordió cuando entró a la guardería y dejó de hacerlo una vez que se acostumbró. Y ahora que entró al parvulario vuelve hacerlo. Le expliqué a estos padres que, además de estar más sensible, ella gasta mucha energía cuando afronta cambios, lo que no le permite regularse como normalmente lo hace cuando está tranquila.

¿Cuál es la evolución?

En función de lo que plantean las investigaciones, las agresiones físicas aparecen tras el año, comienzan a descender a partir de los tres años y medio y a desaparecer en los años escolares. Por lo mismo, se considera más normal que un preescolar pequeño agreda que un preescolar grande.

Los preescolares grandes pueden agredir, pero sus agresiones deben ser menos frecuentes e intensas (por ejemplo, empujar, pero no morder). Recordemos que en estos años los niños cuentan con mayor desarrollo del lenguaje, con un hemisferio izquierdo un poco más maduro, con mayor experiencia en la relación con otros y con mayor madurez y capacidad para regular sus emociones e impulsos.

Pero, al igual que cualquier otro aprendizaje, aprender a controlar el impulso agresivo es un proceso gradual que lleva tiempo y práctica. Por lo general, los niños primero aprenden que agredir es malo, antes de aprender a controlarse. Entonces pegan y al microsegundo dicen «no se pega». Cuando esto ocurre, los padres creen que el niño está manipulando. Pero lo que en verdad ocurre (como vimos en el tercer capítulo) es que el hemisferio izquierdo (que es el que «sabe» que no está bien) no logra regular al derecho (de donde viene el impulso agresivo).

Con el paso de los meses (y nuestra adecuada intervención) los niños comienzan poco a poco a ser capaces de controlarse. A veces, golpeando de manera simbólica (por ejemplo, se acercan y te pegan una patada que parece más un roce que un golpe); a veces, golpeando un objeto o apretándose las manos.

A propósito de esto, aprovecho para repetir que los niños son corporales. Entonces, para controlarse necesitan recurrir a su cuerpo. El control pasa por apretar sus manos, más que por un ejercicio mental. Esto lo menciono porque en el momento de ayudarles a controlarse se les debe ayudar desde lo que para ellos tiene sentido.

Se espera que, al cumplir cuatro años, los niños (ya preescolares grandes) sean capaces de reemplazar la agresión física por una verbal. Por ejemplo, que en vez de pegar digan «Ya no te quiero», «Mamá fea», «Nunca más vas a ser mi hermana», «No te voy a invitar a mi cumpleaños» o cosas de ese estilo. Y que en la medida que se acercan a los seis años, puedan expresar su rabia de manera más adaptativa, frunciendo el ceño o diciendo «Estoy enfadado, no quiero hablar».

Aprovecho para hacer una aclaración: como pueden ver, aprender a controlar la rabia no pasa por no enfadarse, sino por tener una adecuada gestión cuando nos enfadamos.

Es importante tener en cuenta que puede haber retrocesos. Cuando aprendemos algo, basta que estemos cansados, más sensibles o con menos energía para que volvamos a ejecutar viejas conductas. Por lo que un niño que aprendió a controlar su rabia puede volver agredir meses después si se siente amenazado (como le pasa a Clarita). Esto es parte del desarrollo.

En sus investigaciones, Tremblay plantea que, si bien las conductas agresivas son normales en los primeros años, es muy importante que los niños aprendan a controlarlas antes de los seis años, ya que cuando no lo hacen aumenta el riesgo de tener comportamientos violentos en la adolescencia y adultez.[25]

---

[25] R. E. Tremblay, D. S. Nagin, J. R. Séguin, M. Zoccolillo, P. D. Zelazo, M. Boivin, y C. Japel, «Physical Aggression During Early Childhood: Trajectories and Predictors. *Pediatrics*», 114, 1 (2004), pp. 43-50. Extraído de: <https://www.ncbi.nlm.nih.gov/ pmc/ articles/PMC3283570/#R53>.

Una vez más podemos ver que los años preescolares constituyen un periodo sensible en el desarrollo de la regulación emocional y conductual, y lo importante que es brindarle a los niños durante este periodo la ayuda y estimulación que necesitan.

Morder

Morder es una de las agresiones físicas más fuertes y menos frecuentes. Debido a la angustia que tiende a generar que un hijo muerda, le dedicaré un pequeño apartado.

Morder es una de las primeras agresiones físicas de los niños. Esto se debe a que, por supervivencia, la boca es una de las partes del cuerpo más desarrollada en el momento de nacer. Si no fuese así, el niño no podría alimentarse ni sobrevivir.

Además, debemos saber que la boca es una de las partes del cuerpo con mayores terminaciones nerviosas. En otras palabras, una de las partes más sensibles del cuerpo. No es coincidencia entonces que los bebés se calmen al succionar o que los niños chupen cosas cuando están nerviosos.

Dado que la boca es una de las partes del cuerpo más desarrollada, la utilizan para explorar el medio que los rodea. Esta es la razón por la cual los niños se llevan todo a la boca.

Teniendo estos datos presentes, podemos entonces entender que la boca es una de las partes del cuerpo más importantes para los niños los primeros dos años de vida y que la utilizan para distintas cosas. Un niño puede morder *para explorar lo que pasa o lo que siente* al morder un objeto determinado, *por colapso de amor* (nos están dando besos, se ponen nerviosos y nos dan un mordisco), *porque están enfadados, porque se sienten amenazados* (porque entró en la guardería, no se siente seguro y por tanto su sistema nervioso está en modo alerta. Entonces ante cualquier roce, ataca).

Ahora bien, además de ser una de las primeras conductas agresivas en aparecer, debería ser una de las primeras en desaparecer. Por lo mismo, si tu hijo muerde, es importante que le ayudes a no hacerlo.

Gestión nutritiva de la agresión

A lo largo del libro hemos tenido dos grandes principios que guían nuestro actuar parental: promover apego seguro y desarrollo socioemocional.

Desde la vereda del desarrollo socioemocional, la gestión adecuada de las conductas agresivas no solo implica ponerles un freno, sino promover el desarrollo de destrezas que permitan que el niño con el tiempo se pueda expresar y desenvolver de formas más adaptativas. Desde la vereda del apego seguro, implica no generar más estrés del que la situación ya tiene, mantenernos conectados y regular lo que el niño está sintiendo.

Principios del Apego Seguro

En el tercer, cuarto y quinto capítulo vimos un avance de cómo hacerlo. Por ejemplo, que cuando un niño está expresando su estrés y hace algo inadecuado, debemos validar lo que está sintiendo y ayudarle a expresarse de una manera más adaptiva: «Sé que estás enfadado, pero no por eso me vas a pegar. Si necesitas aparcar tu rabia, puedes chutar esta pelota». Ahora veremos cómo hacerlo con más detalle.

Diagrama de regulación de conductas agresivas

Debido a que hemos revisado los pasos del diagrama de regulación emocional en extenso, ahora solo los mencionaré y haré hincapié en lo propio de este capítulo. Por lo que si no te has leído los capítulos anteriores (especialmente el tercero), te recomiendo hacerlo.

Lo primero que se debe hacer es mantener la calma (**regularse uno**) y establecer un **límite físico-verbal**. El límite «físico» implica evitar que el niño nos agreda o nos vuelva a agredir (por ejemplo, echándonos para atrás o cogiéndole con cuidado la mano). El límite «verbal» consiste en decirle «No», «No me pegues» o «No me muerdas». Para que nuestro mensaje sea efectivo, es muy importante que nuestro tono sea firme y seguro. No se trata de gritar, pero sí de ayudarlo a darse cuenta de lo que está haciendo y de que vea que estamos hablando en serio. No sirve decirles «No, mi amor» con la misma dulzura que le hablamos en otras situaciones.

Cuando agrede a otro niño, además de establecer el límite físico-verbal debemos separarlos y asegurarnos de que el niño agredido esté bien, tranquilizarlo y asistirlo si es necesario. Lo difícil de esta situación es que ambos niños necesitan contención en ese momento. De hecho, hay autores que plantean que el niño que agrede necesita más contención que el agredido. Por lo que, si están solos, deberán dividirse entre los dos niños. Si tienen que asistir al niño agredido, le pueden decir al que agredió «Ahora vengo, quédate aquí».

Tras el límite físico-verbal, debemos **sintonizar** con nuestro hijo para ver qué le pasa, porqué están agrediendo. Como dice Felipe Lecannelier «mentalizarlo».[26] ¿Por qué me pegó? ¿Está enfadado? ¿Me mordió de nervios? ¿Está jugando y se le fue la mano? ¿Se siente celoso cuando tengo a su hermano en

---

[26] F. Lecannelier, F. *A.M.A.R.*, *ed. cit.*

brazos? Recordemos que los niños preescolares pequeños, a diferencia de los grandes, pueden agredir por distintos motivos, no siempre porque están enfadados.

Cuando sabemos lo que le pasó, debemos **reflejárselo** (ponérselo en palabras), **validarlo** (si es necesario) y nuevamente **establecer un límite a la expresión**. Por ejemplo «Sé que tienes rabia (reflejo), pero no por eso me vas a morder (límite)», «Sé que no te gusta que tu hermano coja tus juguetes (reflejo), a mí tampoco me gusta que me cojan mis cosas (validar), pero no por eso le vas a pegar (límite)». Tal como mencionamos en el tercer capítulo, hacer esto permite que el niño entienda que el problema no es lo que siente, sino lo que hizo. Esto es muy importante para el desarrollo emocional que buscamos.

Los pasos que siguen depende de lo estresado que esté el niño. *Si está lo suficientemente tranquilo para conversar*, pasamos a la **reflexión guiada** y lo ayudamos a **reemplazar la conducta agresiva por una adaptativa.**

Diego, de tres años y medio, está enfadado con su papá porque apagó la tele. Para demostrarle lo enfadado que está se acerca y trata de pegarle un manotazo (agresión por enfado). El papá se enfada y le dice «No me pegues» (límite físico-verbal). «Sé que estás enfadado porque apagué la tele (reflejo), pero no por eso me vas a pegar (límite). Si estás muy enfadado, puedes pegarle a un cojín o decirme grrr» (reemplazo conducta agresiva).

Luis, de dos años y medio, le muestra un juguete a su hermano mayor con la intención de jugar con él, pero este no le presta atención y sigue armando sus legos. Entonces Luis le pega en la cabeza. La mamá, que estaba mirando, le dijo: «No se pega (límite físico-verbal). Si quieres que tu hermano juegue contigo, tienes que pedirle con palabras. Dile «Hermano, ¿quieres jugar conmigo?» (reemplazo conducta agresiva).

En el ejemplo de Diego, el papá le dice que si está enfadado puede pegarle a un cojín o decirle grrr. Sé que para muchos eso puede sonar poco adaptativo. Por lo mismo, quisiera detenerme en unas ideas.

Lo primero, que los aprendizajes son graduales. Por lo que pasar de una agresión física a una regulación mental de la emoción es casi imposible.[27]

Segundo, los niños pequeños son concretos y corporales, por lo que necesitan ocupar su cuerpo para controlarse y expresarse. Por lo mismo, si les queremos ayudar a controlarse, conviene ayudarles a hacer algo con el cuerpo. Por ejemplo, si queremos que un niño deje de morder, en una primera etapa puede ser útil que tenga algo para morder, como un collar sensorial o algún otro objeto. Muchos niños, con tal de no morder a sus compañeros, terminan mordiéndose ellos, lo que tampoco es bueno. Con mis pacientes mujeres usamos la «técnica Frozen». Esta es pisar con fuerza el suelo para congelarlo cuando están enfadadas.

Ahora bien, *si el niño no está lo suficientemente tranquilo para escucharnos o reemplazar su conducta*, debemos primero ayudarle a calmarse con alguna de las técnicas que vimos anteriormente. Veamos un ejemplo.

Felipe tiene tres años. Por temperamento siente las emociones de manera muy intensa. Un día estaba en la plaza haciendo un castillo de arena y pasó otro niño y se lo desarmó de una patada. Felipe entonces se puso a llorar y le tiró arena al niño. Todo esto pasó en segundos. La mamá se acercó para resolver la situación. «Felipe, no se tira arena» (límite físico-verbal). Pero Felipe estaba tieso de tanta rabia. Trataba de cogerlo y se tiraba para atrás. La mamá entonces le dijo: «Sé que tienes mucha rabia, trata

[27] La evolución del control y expresión de la rabia se vio en el cuarto capítulo.

de calmarte» (reflejo) y le dio el espacio para que soltara lo que sentía (expresión de la emoción). Cuando la intensidad de la rabia bajó, logró cogerlo en brazos y ayudarlo a recuperar la calma (estrategia de calma: afecto). Entonces le dijo: «¿Te dio mucha rabia que ese niño derribara tu castillo, verdad?» (reflejo). Felipe asintió con la cabeza. «Te entiendo, sé cuánto te esforzaste en hacerlo (valido emoción). Pero por muy enfadados que estemos, no está bien tirar arena. ¿Qué le podrías haber dicho al niño en vez de tirarle arena?» (reflexión guiada: reemplazo). Felipe dijo: «Tonto». La mamá entonces le dijo: «Mmm, no me gusta tanto tonto, pero es mejor que tirarle arena. Quizá le podrías haber dicho "hey, cuidado"». Le dio un beso y le ayudó a hacer el castillo de nuevo.

A veces los niños se estresan cuando se les establece el límite físico-verbal y toman conciencia de lo que hicieron (especialmente si la agresión fue hacia uno de sus padres o dejó una lesión visible). Cuando esto ocurre, con frecuencia los inunda la culpa, temen que les regañen o que los dejen de querer. Y como no saben gestionar esto, se echan a llorar, se van para dentro o se ponen la coraza de la indiferencia. Cualquiera que sea la situación, antes de seguir se les debe ayudar a recuperar la calma.

Martín tiene un año y medio y le está dando besos a su mamá. De repente, le muerde (por colapso de amor). La mamá se aleja y le dice: «No me muerdas» (límite físico-verbal). Martín al ver la cara de dolor de la mamá se pone a llorar (estrés). La mamá lo abraza y le ayuda a calmarse (regulación del estrés). Cuando está tranquilo lo pone frente a ella y le dice «Amor, no se muerde. Mira, así se hace *nanai*». Le coge su mano y se la pasa por su cara (reemplazo por conducta adaptativa). «A ver, tú solito ahora». Martín le hace caricias a su madre y ella le da un beso (refuerzo).

En la reflexión guiada, además de ayudar a los niños a reemplazar la conducta agresiva por una adaptativa, también puede ser necesario ayudarlos a entender por qué hicieron lo que hicieron. Como mencionamos hace poco, cuando los niños toman conciencia de lo que pasó, se sienten muy mal, aunque no siempre lo demuestran de manera directa. Los preescolares pequeños tienden a angustiarse, mientras que los grandes se preguntan en silencio: ¿Cómo fui capaz de hacer eso? ¿Tan malo soy? Por lo mismo, cuando la situación lo requiere, recomiendo ayudarles a entender y procesar lo que pasó. Explicarles que sintieron mucha rabia y no lograron controlarse. Que están aprendiendo a controlar la rabia y como cualquier aprendizaje requiere de esfuerzo y práctica. Se les puede decir, por ejemplo: «Te dio mucha rabia lo que pasó y no lograste controlarte. Estás aprendiendo a hacerlo y a veces no da resultado. Estoy segura de que para la próxima lo conseguirás» o «Sé que te sientes mal por lo que hiciste. Pero aprender a controlarnos requiere de mucho esfuerzo y práctica».

También es importante ayudarlos a reparar lo que hicieron. Es decir, pedir perdón o ayudar al agredido. En el tercer capítulo vimos que en estos años los niños sienten la culpa de manera muy intensa y no saben qué hacer con ella. Por lo que, además de ayudarles a reemplazar la agresión por una conducta más adaptativa y entender porqué hicieron lo que hicieron, también necesitan que les ayudemos a regular la culpa.

Es importante mencionar que los niños a veces, por tranquilos que estén, se niegan a reemplazar la conducta agresiva por una más adaptativa o a pedir perdón por lo que hicieron. Esto se debe a que entienden que actuaron mal, pero no están preparados para hacer lo que les pedimos. Cuanto sucede esto, se debe empatizar con ellos, darles el espacio que necesitan e insistir en otro momento. Se les puede decir: «Parece que no estás preparado aún para pedirle perdón a tu hermano. Puedes hacerlo más tarde». En ningún caso obligarlos a hacerlo, ya que se pierde el aprendizaje que buscamos.

El último paso del diagrama de regulación consiste en **reforzar** cualquier conducta positiva que hayamos visto durante el proceso, especialmente si logró reemplazar su conducta agresiva por una adaptativa.

Javiera tiene cinco años y está con una amiga. Su hermana mayor le empieza a decir cosas a su amiga. Javiera se enfada y le pega en la cabeza (estrés). La mamá dice: «Javiera, no se pega» (establece límite físico-verbal) y le pregunta qué pasó. Javiera contesta: «Es que está diciendo cosas malas de mí». La mamá le habla: «Ok. Te da rabia lo que está haciendo y por eso le pegaste» (reflejo). «Sí». «Pero por mucha rabia que tengas, no puedes pegar. ¿Puedes decirle en palabras que no te gusta lo que está haciendo y que deje de hacerlo?» (reemplazo conducta adaptativa). Al principio le costó, pero finalmente lo hizo. La mamá entonces le dice: «Te felicito» (refuerzo).

Lo que NO debes hacer

Por ningún motivo se les debe pegar. Y menos morderle o pegarle para que vea que duele. En primer lugar, porque agredir a un niño *siempre es inadecuado* y en segundo lugar porque el niño no agrede «porque no sabe que duele», sino porque la situación lo superó, porque aún no sabe regularse y porque aún no tiene el suficiente desarrollo lingüístico para expresarse de otra forma. Por lo que mostrarle que duele no es la solución. Lo único que estamos haciendo con eso es desgastar la relación y validar la agresión como una forma de afrontar y resolver conflictos.

Castigarlos tampoco es adecuado, ya que al hacerlo los privamos de la conexión que necesitan en ese momento y perdemos la oportunidad de regularlos y enseñarles la habilidad que necesitan.

Lo que sí pueden hacer es establecer consecuencias cuando a pesar de nuestra intervención el niño sigue pegando o tiene más de cuatro años. En estos casos se aplica la lógica de la regla de tres que vimos en el quinto capítulo.

Finalmente, tampoco es adecuado no hacer nada ante la agresión. Muchos papás, con el objetivo de no reforzar la conducta, se muestran indiferentes cuando su hijo les pega (siguen conversando, no lo miran). Pero al hacer esto, lo único que consiguen es que la conducta aumente porque al niño le da rabia que el papá no reaccione.

Tampoco sirve solo decirles «No hagas eso». Los niños necesitan que les ayudemos a desarrollar formas más adaptivas de expresarse, resolver conflictos o conseguir lo que quieren.

Evita la agresión

Las agresiones son situaciones altamente estresantes, tanto para nosotros como para los niños. Ya vimos que cuando se dan cuenta de lo que hicieron se sienten muy mal, no entienden por qué agredieron y no son capaces de integrar y procesar lo que pasó.

Por lo mismo, se debe tratar de evitar que los niños se agredan entre sí o nos agredan. Esto no es algo fácil de hacer. Pero si se esfuerzan les aseguro que podrán hacerlo.

Lo primero es **supervisión**. Si sabemos que a los niños pequeños les cuesta controlarse y que la agresión es parte de la interacción entre ellos, no se les puede dejar solos por mucho tiempo. En casa significa acompañarlos, estar pendientes de ellos y dejarlos solos periodos cortos (aunque estén entretenidos). En guarderías y colegios significa tener un buen coeficiente técnico (cantidad de educadoras/profesoras por niño) y supervisar a los niños mientras están en los recreos (especialmente a los niños que les cuesta más controlarse).

También se pueden tomar **medidas ambientales**. Las guarderías pueden tener varios ejemplares del mismo juguete para evitar que los niños estén constantemente peleando por quién los usa. Tener el espacio suficiente para evitar que los niños se sobreestimulen. Recreos lo suficientemente largos y frecuentes para que los niños se relajen, entretengan y des/carguen energías. Como también espacios para calmarse cuando están estresados.

Resumen del capítulo 6

Las agresiones físicas son normales en los años preescolares, especialmente entre los dos y los cuatro años. No obstante, para que los niños dejen de agredir a otros, necesitan que sus cuidadores les enseñen formas alternativas de expresar y resolver conflictos. Para ello se debe frenar la agresión, regular el estrés (a través del diagrama de regulación) y ayudar a reemplazar la agresión por una conducta más adaptativa.

7

Tips evolutivos

A lo largo del libro hemos visto que los niños preescolares necesitan que les ayudemos a regular sus emociones y conductas. En este capítulo veremos otras cosas que también son importantes para su desarrollo socioemocional.

Los llamo «evolutivos» porque son consejos transversales que facilitan la gestión de los distintos conflictos propios de la etapa preescolar y a su vez nutren el desarrollo socioemocional.

Satisfacción de necesidades de autonomía y control: Como dijimos en el primer capítulo, alrededor de los dos años los niños se dan cuenta de que pueden querer algo diferente a los otros y que pueden oponerse si algo no les gusta.

Con el fin de afirmar este incipiente sentido de individualidad y control, tienden a desafiar la autoridad y la voluntad de otros (especialmente la de sus padres). Esto no lo hacen con mala intención. Necesitan hacerlo para poner en práctica su gran descubrimiento.

Los niños necesitan satisfacer esta necesidad para seguir creciendo y desarrollando formas de funcionamiento cada vez más complejas. Esto no significa que haya que decirles que sí a todo, sino todo lo contrario, los niños también necesitan límites. La clave está en tratar de que los límites no opaquen esta necesidad e incipiente experiencia del Yo.

Dada la importancia de las necesidades vitales, existen fuerzas evolutivas imperiosas que motivan al organismo a satisfacerlas a toda costa. Por lo que cuando una necesidad vital no se satisface de forma adecuada, tiende a satisfacerse de forma inadecuada. En el caso de los preescolares, la favorita y más común de todas es la pataleta. Por lo que, cuando restringimos mucho a un preescolar, sin dejarlo que tenga iniciativa ni poder de decisión alguno, corremos el riesgo de que intente imponerse, desobedeciendo y haciendo pataletas. También corremos el riesgo de aumentar su rebeldía, lo que dificulta la regulación de sus conductas.

Recordemos que para el fomento del apego seguro es importante ofrecerles espacios a nuestros niños para que satisfagan de manera adecuada sus necesidades. Esto se puede teniendo paciencia y dejándoles hacer las cosas que quieren hacer solitos aunque tarden (como subirse al coche, vestirse, etc.); permitiendo que hagan cosas aunque las hagan mal (como, por ejemplo, comer); evitar decirles que «No» todo el día (como vimos en el cuarto capítulo); dejándoles resolver problemas sencillos (a veces no llegan a frustrarse y les decimos «¿Te ayudo?»); y buscando espacios y formas para que ejerzan y prueben su voluntad. Veamos algunos ejemplos:

Que elijan su ropa. Si no saben combinar o eligen ropa inadecuada al clima, restrínjanles el campo de elección. Lo que al preescolar le importa es elegir, no la cantidad de alternativas. Por ejemplo: «Camila, elige entre estos tres chalecos cuál te quieres poner».

Ayudar con el menú. Si un día te es indiferente hacer pollo o ternera, permítele a tu hijo elegir. «¿Joaquín, me ayudas? ¿Qué te parece mejor para acompañar el puré? ¿Pollo o ternera?». Otra alternativa es que elija por completo el menú de un día específico. Lo ideal es que sea fijo en la semana, por ejemplo «Todos los miércoles Pablito decide el menú». La idea es reforzarlo después por su elección.

Derechos por ser grandes: Este segundo tip evolutivo tiene como objetivo facilitar que el niño vaya asumiendo las responsabilidades y exigencias propias de la edad. Resultará especialmente útil si existen hermanos menores que le reflejan a diario los privilegios y cuidados que tenía antes por ser más pequeño.

Esto puede sonar simple o poco importante. Pero pongámonos por un instante en los zapatos del preescolar. En su mundo y vivencia psicológica, les resulta angustiante afrontar nuevos espacios de autonomía como la guardería o el colegio. También les resulta angustiante dejar aquellas cosas que durante años le han dado tranquilidad, como el chupete, la almohadilla de su cuna o el biberón. Siempre debemos tener presente que los eventos los vivenciamos en función de los recursos que disponemos en ese momento. No hay que mirar con ojos de adulto los desafíos de los niños, porque corremos el riesgo de no darles la importancia que tienen.

Por si fuese poco, los niños con frecuencia temen que los van a dejar de querer si crecen. Este temor, que suena muy irracional, a veces no lo es tanto. Por ejemplo, cuando eran pequeños y no podían tomar el biberón por sí solos, uno los cogía en brazos y se lo daba. En el momento en que aprendieron a sostenerlo solos, nunca más los cogimos. Ganaron autonomía, pero perdieron ese espacio de cercanía afectiva de estar en nuestros brazos.

Recuerdo el caso de una paciente, Laurita, de cuatro años, que habiendo aprendido a controlar los esfínteres, comenzó a hacerse pipí de nuevo tras la llegada de su hermano a casa. Para ella, crecer era sinónimo de ceder su espacio y renunciar a los cuidados de mamá. No estaba dispuesta a eso. Entonces, en todo momento, intentaba equipararse a su hermanito de tan solo un mes de vida.

Sugiero entonces ayudar a sus niños a crecer. Una forma de lograr esto (además de promover autonomía) es darles **derechos por ser grandes**. La lógica es la siguiente: Es más fácil aceptar que ya no puedo hacer ciertas cosas —porque ya no soy peque-ño—, si puedo hacer otras cosas —porque ahora soy grande—, por ejemplo, «ya no puedo hacerme pipí en los pañales como mi hermano pequeño, pero puedo ir al cine con mis papás».

Ustedes se preguntarán qué tiene que ver esto con la re-gulación de las emociones y de la conducta. La angustia o el rechazo a crecer y asumir desafíos, muchas veces sensibilizan a los niños y los predispone a estar irritables, desafiantes y/o a hacer pataletas, por lo que ayudarlos o motivarlos a crecer re-sulta una buena idea (especialmente cuando se encuentran en periodos de transición). Personalmente, a mí me costó mucho que mi hija mayor comenzara a tomarse la leche en vaso. Me pedía su biberón y al negárselo, con frecuencia me hacía una pataleta. Pero cuando le dije que por ser grande y tomarse la leche en vaso podía tomar leche con sabores (a diferencia de su hermana), cambió su disposición y aceptó el cambio.

Los derechos no tienen que ser grandes cosas. Ojalá sean simples y estén relacionados con lo cotidiano. Un derecho por ser grande puede ser, por ejemplo, comer kétchup, pintarse las uñas, invitar a un amigo a casa, etc. Lo importante es que el niño sepa y entienda que ahora puede hacer esas cosas que antes no podía, porque es más mayor.

En el caso de los que tengan hermanos, pueden hacer co-sas que los hermanos no pueden. «¿Por qué mi hermano puede llevar chupete y yo no?». «Porque es más pequeño. Tú puedes hacer otras cosas como ir al cine. Tu hermano es muy pequeño para eso, lo tenemos que dejar en casa cuando vamos».

Por lo general, los niños tienen muchos derechos que pasan desapercibidos. Solo tenemos que identificarlos y comenzar a reflejárselos en voz alta. Por ejemplo, elegir si se baña primero o después del hermano menor. Entonces uno puede decir «Matías, hasta que tu hermana tenga tres años, puedes elegir si te bañas primero o después que ella». Como este, existen muchos otros derechos que les pueden dar a sus hijos por ser más mayores.

Conexión, conexión y más conexión: A lo largo del libro hemos mencionado en reiteradas ocasiones que los niños necesitan estar conectados a sus cuidadores, especialmente en momentos de estrés. Que así como en el vientre necesitan del cordón umbilical para recibir los nutrientes esenciales para crecer, tras nacer y a lo largo de toda la crianza necesitan del cordón vincular para recibir nutrientes necesarios para tener un buen desarrollo socioemocional. Este cordón umbilical es la conexión.

El Centro del Niño del Desarrollo de Harvard trabaja la conexión desde el concepto de servir y devolver (*serve and return*).[28] Plantean que la clave para formar buenas estructuras cerebrales son las interacciones con los adultos significativos, en las cuales el niño «sirve» haciendo gestos y expresiones, y el adulto «devuelve» esta comunicación respondiendo de manera dirigida y significativa. Por ejemplo, el niño se ríe y el cuidador se ríe. El niño balbucea y el cuidador hace contacto visual. El niño se pone inquieto y el cuidador se da cuenta de que está ansioso y lo contiene.

Para mí la conexión es resonar con el estado mental del otro. Esto se puede hacer a través del contacto físico (un abrazo, un beso, cariños) o a través de lenguaje verbal y no verbal (haciendo un reflejo, mostrando empatía).

Lo único que voy a mencionar en relación al primero es que la demostración de afecto nunca hace mal, todo lo contrario. Muchos padres creen que decirle a sus niños cuánto los quieren y darles besos y abrazos es perjudicial para el desarrollo de la autonomía, y no es así. El afecto es el motor de todo niño y adolescente.

En cuanto a lo segundo, podemos resonar con el estado mental de los niños en distintas situaciones y a través de distintas formas. Les doy algunas sugerencias:

---

[28] <https://developingchild.harvard.edu/resources/las-interacciones-servir-y-devolver-dan-forma-a-la-estructura-cerebral/>.

- Refléjale sus estados emocionales en el estrés.
- Refléjale sus estados emocionales en la tranquilidad o disfrute.
- Juega con tu hijo (y deja que tu hijo guíe el juego).
- Ríe con tu hijo.
- Escúchalo cuando te habla y hazle comentarios que den cuenta de lo atento que estás a su relato.
- Muéstrale sus gustos.
- Aprovecha los espacios de intimidad que te brinda (cuando el niño quiere hablar).
- Guarda tu móvil cuando estés con tus hijos.

Visualización del niño como niño: Consiste en verlo, tratarlo y exigirle en función de la edad que tiene. Esto, que suena tan obvio, es difícil de hacerlo en el mundo adulto en el que vivimos, donde todos esperan que los niños se comporten como adultos. Los mensajes y exigencias sociales nos llevan a poner nuestros ojos más en el futuro de un niño que en su presente. No importa lo que es hoy, sino lo que va a ser cuando sea mayor. Bajo este mandato, no importa si le hace bien o mal a un niño de cuatro años cambiar la arcilla y los lápices por un libro de caligrafía, lo que importa es que aprenda a leer para que sea competente y entre a la universidad. Adiós juguetes, adiós barro, adiós témperas, adiós infancia.

Esperar y exigirle a un niño que se comporte, funcione y responda como un adulto, tiene muchos costes. Dentro de los más importantes se encuentran el estrés, la baja autoestima, la sensación de ineficacia, las dificultades de adaptación, los problemas conductuales, la agresividad y una variada sintomatología ansiosa-depresiva.

Además de los costes emocionales, la visualización de un niño como adulto puede aumentar la cantidad de pataletas que este hace, además de dificultar la regulación emocional y conductual. Sabemos ya que el estrés o cualquier alteración emocional predisponen a un niño a estar más irritable y/o pataletero.

Además, muchos niños hacen pataletas como una protesta ante las exigencias desmedidas. Pongámonos por un segundo en el lugar de los niños. ¿Acaso no nos darían ganas de hacer pataletas si nuestro jefe nos exigiera más de lo que podemos dar y más de lo que corresponde? Los niños, a diferencia de los adultos, no tienen la capacidad de afrontar resolutivamente este tipo de situaciones, por lo que no les queda otra que patalear. Recuerdo el siguiente caso:

Carlitos tenía cuatro años y tres meses. La madre lo lleva a consulta porque está irritable, pataletero (especialmente con ella). En la primera sesión, al abrir la puerta, la mamá me saluda y me dice «Venimos enfadados porque no le quise dar la comida, entonces se enfadó y no comió». Acto seguido el niño entró solo, mirando el suelo. La mamá, enfadada, le dio a entender que no quería entrar con él. Esto fue lo primero que me llamó la atención. A la mayoría de los niños de cuatro años les cuesta separarse de la mamá e irse con alguien que no conocen o que no le han presentado. En general, el exceso de autonomía puede ser indicador de un apego evitativo y/o que el niño no es visualizado como niño. En la evaluación me di cuenta de que en los últimos meses había afrontado cambios importantes: cambio de casa e ingreso al colegio. Con el cambio de casa comenzó a dormir solo en el segundo piso. Y cuando se despertaba por la noche e iba en busca de sus papás, estos lo mandaban de vuelta a la habitación porque «ya es mayor». Para evitar que llorara cuando lo iban a dejar al colegio, contrataron transporte escolar. Además, se duchaba solo por las mañanas y cuando llegaba al autocar bajaba solo por el ascensor (la mamá lo miraba por el balcón). Todo esto es mucho para un niño de cuatro años. Por lo que, cuando podía, buscaba ser tratado como un niño pequeño. Por eso le pedía a la mamá que le diera la comida y que lo limpiara, porque necesitaba saberse pequeño y cuidado. Y como le decían que no, hacía pataletas.

Finalmente, cuando esperamos que un niño funcione como adulto, no anticipamos posibles situaciones de estrés y, por tanto, tampoco nos preparamos para gestionarlas. Por ejemplo, si yo espero que mi hijo de cuatro años se porte bien en un restaurante, posiblemente no le voy a llevar un cuaderno y lápices para pintar. En cambio, si sé que por su edad le puede resultar estresante ir a un restaurante, me preparo y le llevo cosas para entretenerse.

Vemos, entonces, que visualizar a un niño como niño, además de cuidar su desarrollo socioemocional, permite evitar situaciones de estrés. Por lo que parece una buena idea ajustar nuestras expectativas y remar contra la corriente adulta del mundo en el que vivimos.

Para visualizar a un niño como niño, se deben tener expectativas realistas de sus capacidades, límites y necesidades. Para ello, se debe conocer su etapa de desarrollo y sus características personales.

Juego y actividad física: Existe evidencia de sobra de que el juego es vital en el desarrollo físico, cognitivo, social, emocional, sensorial y cerebral de los niños. El problema de esto es que los niños cada vez juegan menos. Ya sea por la irrupción de la tecnología, porque no les queda tiempo, porque no cuentan con los juguetes apropiados, porque no invitamos a sus amigos a casa (o no juegan con los amigos del barrio), o porque no se les cuidó la niñez y comienzan a tener intereses de niños más mayores.

Preocúpate de que tu hijo tenga juguetes y accesorios que permitan juego de roles (esto es, jugar a ser alguien, como al doctor, a la profesora, a la mamá, etc.), disfraces, figuras (de animales, personas, personajes) para que puedan crear historias, juegos de mesa simples (pocas reglas, idealmente piezas grandes), puzzles (adecuados a su edad), materiales de arte variados (témpera, plastilina, arcilla, papeles de distinto tamaño, textura y colores), cuentos, y elementos que permitan realizar actividad física (pelotas, bicicleta, cuerda para saltar, etc.).

También existe evidencia de sobra de que los niños necesitan realizar una actividad física para tener un adecuado desarrollo. La actividad física los entretiene, promueve un adecuado desarrollo de la psicomotricidad física y gruesa, suscita un adecuado desarrollo sensorial (básico para todos los aprendizajes que vienen después), nutre el desarrollo y funcionamiento cerebral, genera escenarios para aprender a relacionarse con otros y permite que descarguen sus inagotables y vitales «pilas».

Pero, al igual que ocurre en el juego, los niños cada vez tienen menos actividad física. Recomiendo que los niños vuelvan a las plazas a correr, escalar árboles y columpiarse. Que vuelvan a jugar con sus amigos del barrio. A las cartas, al escondite. Que monten en bicicleta y patinen. Que tengan recreos lo suficientemente largos como para descargar y cargar energías. Que practiquen algún deporte.

Contacto con niños de su edad: Los niños necesitan jugar con niños de su misma edad. Cuando los niños no tienen mucho contacto con pares, puede ocurrir que se vuelvan muy demandantes de los adultos (y, por tanto, se frustren porque el adulto no puede estar siempre disponible al cien por cien) o se vuelvan viejos niños. Jugar con pares, además de ser entretenido, es una importante fuente de aprendizaje socioemocional (aprender a compartir, respetar turnos y normas, cooperar, entre otras cosas). Esto es especialmente recomendable para niños que no tienen hermanos o no van a la guardería.

Los preescolares grandes necesitan interactuar con sus pares más allá del colegio. Por lo mismo, además de recomendar que jueguen con otros en las plazas, recomiendo que comiencen a invitar a los amigos a su casa.

Resumen del capítulo 7

Los tips evolutivos son consejos transversales que facilitan la gestión de los distintos conflictos propios de la etapa preescolar y a su vez nutren el desarrollo socioemocional. Estos son:

1. Satisfacción de necesidades de autonomía y control.
2. Derechos por ser mayores.
3. Conexión, conexión y más conexión.
4. Visualizar al niño como niño.
5. Juego y actividad física.
6. Contacto con niños de su edad.

«Para viajar lejos no hay mejor nave que un libro».

Emily Dickinson

Gracias por tu lectura de este libro.

En **penguinlibros.club** encontrarás las mejores
recomendaciones de lectura.

Únete a nuestra comunidad y viaja con nosotros.

penguinlibros.club